少年法の思想と発展

少年法の思想と発展

法改正をめぐる歴史的アプローチ

重松一義

〔法学の泉〕

信山社

はしがき

ショッキングな、眼にあまる凶悪異常な少年犯罪への応急的措置として、平成一三年（二〇〇一年）四月一日より一部改正された少年法が施行されることとなった。私どもは国民はその動向と施行実績を眼をこらし見守り支えてゆきたいと思う。この改正に反対し、現行少年法のままでよいとする維持論・保護主義の立場からは、改正を支持する立場の人を、少年法の厳罰主義・少年法の厳罰化という表現で批判がなされてきた。しかし、それでは少年問題の実態とその解決に手の届かぬものであって、厳罰主義との批判は当たらないとの説明をなさざるを得ない。

今回、少年法の一部条項を補い改正するのは、非行という事実認定（立証）の手続が少年法になく、真相究明がなされ得ない不都合なケースがつぎつぎとあり、その手続上の欠陥を補おうとするもので、つぎの諸点の一部改正がみられた。

(一) 一六歳以上の少年の故意による死亡事件（凶悪人身事件）は、保護処分相当の場合を除いて検察官送致とする。

(二) 少年の重大事犯の事実認定手続に検察官の関与を認めることができる。

㈢　少年審判には裁判官三人による合議制を導入する。
㈣　少年刑事処分を一六歳から一四歳に引き下げ、刑法が認める刑事責任能力と整合させる。
㈤　少年の審判方式につき「審判は、懇切を旨として、なごやかに、これを行わなければならない」の文言に、「自己の非行について内省を促すものとしなければならない」（少年法第二二条）との規定を加える。
㈥　審判では被害者などに意見を聴取、審判結果を知らせる。関係記録の閲覧・謄写を認める。
㈦　審判を一層慎重に進めるため、非行事実の適正化をはかるため、監護措置（少年の身柄の拘束）の期間を、これまでの最長四週間から最長八週間に延長する。
㈧　検察官の抗告を認める。

といったことが主要な改正点となっている。

したがって、㈠の家庭裁判所から検察官への原則逆送（刑事罰適用相当との判断）をもって厳罰化という批判もあるが、これは従来も少年法上、逆送を認めており、運用上、適用例がきわめて少ないだけのことである。また一四、五歳少年は、これまで凶悪重大な事犯を起こしても、すべて保護処分となっていたのを、刑事罰（少年刑務所送致）適用と年齢が引き下げられたものであるが、これにつき

与党による少年法改正案の成立をにらみ、法務省は一四日までに、少年刑務所での教育を充実

させていく方向で検討を始めた。少年院の教育方法を少年刑務所にも採り入れたり、刑務官だけでなく少年院の教官や少年鑑別所の心理技官らも加わって「専従班」をつくったりすることなどを考えているという。与党案は、一六歳以上の少年による重大事件は原則として検察官に送致(逆送)すると定めており、与党案の通りに法が改正されれば、刑務所に送られる少年の数が増える見通しだ。このため、少年刑務所での処遇をどう進めていくかが課題となっている。

法務省によると、被害者や親などほかの人の立場に立って自分に手紙を書くことで、内面を見つめる「役割交換書簡法(ロール・レタリング)」や、少年の日記に毎日、教官がコメントを添えてコミュニケーションを深める「日記指導」など、少年院で実施されている教育方法を少年刑務所にも導入。少年受刑者が増えた場合には、川越少年刑務所などに集めて「集団処遇」を行うことも検討中だ(二〇〇〇年・平成一二年一一月一五日・朝日新聞記事)。

との報道記事がみられている。少年法による少年刑務所収容は長期・短期を定めた不定期刑により執行されるが、人の資格に関する法令の適用が除外され、前科とならない。したがって法的にいって厳罰化ではない。さらに刑事罰の最高限度について、「罪を犯すとき十八歳に満たない者に対しては、死刑をもって処断すべきときは、無期刑を科し、無期刑をもって処断すべきときは、十年以上十五年以下において、懲役又は禁錮を科する」(少年法第五一条)との規定をみる。これは成人の刑と勘案比較して、少年刑を一等軽く減じた寛刑制度・量刑制度が少年法に内蔵され、すでに存在し

ているのであって、今回の一部改正をもって厳罰化を打ち出したとの批判はあたらないわけである
改正法施行後の将来の見通しであるが、この施行結果をみて、五年後に少年法の再見直しがなさ
れることになっている。このようなことで、現行少年法の理念・骨子・構成要素は原則的に修正・
変更をみたわけではなく、国民的な批判が世論として、少年法がより目的に沿い効果的に機能でき
るよう、世論に応え部分的な必要最少限度の応急手当がなされたにすぎない。

したがって、この際、少年法の重要性が国民に、より理解を得られる機会であることから、今後は諸外国の少年法制との比較検討が一層綿密に求められ、少年法が安易・簡単に出来たものではなく、長い人類の法制度・教育制度の歴史的所産であることに思いを致したい。そうして、その歴史的積み重ね、歴史的アプローチを欠いては本質的・本格的な論議はできぬ奥深い思索の法であることを知りたいと思う。

本書はそうした立法の経緯・曲折から少年法の思想・特質を探る小論として、その部分に重点を置き記そうと試みたもので、そこに学ぶ私見をも加えてみた。幸い本書発行の直前である平成一二年一二月二〇日（二〇世紀の最末月）、私の教科書である『刑事政策講義』ならびに『死刑制度必要論』——その哲学的・理論的・現実的論拠——を発行していただいている信山社の今井貴・渡辺左近両氏の御力により、拙著『少年懲戒教育史』（昭和五一年度文部省学術助成図書）を、同社の日本立法資料全集・別巻に収録発刊していただき、つづいて本書を少年法の一部改正に対応、続刊付録と

いえる形で出版の運びとなった。ここに厚く御礼を申し上げるものである。

平成一四年一月

重松一義

目　次

付　録

序章　史的検証に立つ提言と序説

(一)　少年事件の社会問題化と異常性

少年とは言うまでもなく、励まし育てるもの、次の世代を荷負う頼もしい存在であってほしいと願うものである。しかし、このところの少年による凶悪異常な犯罪が日常的に繰り返され、地域の別なく全国的に起こっている実情は、まことに憂うべきことである。これをどう見るかと言うことであるが、ひとくちに言って、二〇世紀末のドロドロとしたものが、少年問題の中にすべて内蔵され、露呈されているということに気付かねばならぬであろう。

少年問題は社会の矛盾を最も敏感に、直截に反映していることから、社会を映し出す鏡といわれている。まさにその通りで、今こそ抜本的対策を緊急に講じなければとの焦慮・不安・使命感といった気持の高ぶり、いや社会的危機管理の発動を叫びたい心情抑え難いものがあると言える。これは私個人のみではなく、恐らく国民的心情、国民的世論であろうと思う。

ここ数年、社会の耳目を衝動させ、その映像に釘付けされた少年の凶悪異常事件には、コンクリート詰殺人事件（女子高校生監禁殺人事件）、愛知一宮のアベック殺人事件、千葉市川の一家四人惨殺事件、山形の中学生グループによるマット簀巻き圧死事件、横浜での浮浪者連続殺人事件、神戸のA少年（酒鬼薔薇聖斗・一四歳）の淳君殺害首晒し事件、栃木黒磯の女子教師刺殺事件、名古屋の中学生グループ五、〇〇〇万円恐喝豪遊事件など枚挙にいとまはなく、ごく最近でも愛知豊川の主婦殺害事件（一七歳）、佐賀のバスジャック刺殺事件（一七歳）、静岡での隣人男性刺殺事件（一四歳）、新宿歌舞伎町ビデオ店への手製爆弾投入殺人未遂事件（一七歳）、兵庫のタクシー運転手殺人事件（一六歳男女）などがある。

これらの多くは、戦前のいわゆる札付きの粗暴少年、勉強嫌いの少年、貧困あるいは欠損家庭の少年といった類型的に把える非行少年の概念には当嵌《は》まらず、むしろ両親健在の平均的家庭にあり、成績は優秀で補導歴もないという、ごく普通の少年が突然事件を引き起こしたごとく伝えられている。戦後、少年の異常傾向が感じられ始めた〝新人類〟などの呼称はむしろ懐かしく可愛く感じられるくらいである。このうち続く凶悪異常な犯罪をおこなう加害少年は、どのようにみても少年法が想定しているレベルの少年像ではなく、大人の犯罪を超えた、これまでの社会常識・通念を超えた異常異質な新傾向の犯罪内容である。やはり、これまでの少年法では対処できず、少年法の一部改正ないし新しい少年立法の発想を必要と言わざるを得ないことを痛感するわけである。よって、これら少年犯罪が起こるたびごとに、現行少年法では間に合わぬ、甘すぎる、ザル法の少年法が非行少年を生んでいるという論調での少年法改正論がこのように高まるに至ったのは当然であった。

また被害者・遺族側から「少年とはいえ相応の責任を取らせるべきである」との声に耳を傾けるべきであること、これまた当然のことと考えねばならないわけであった。

平成一二年九月、総務庁が全国の九歳から一四歳（小学四年〜中学三年）までの児童生徒三、〇〇〇人と保護者を対象に、「犯罪の低年齢化」の原因を調査するアンケートを実施（有効回答率は児童生徒七四・八％、保護者七五・五％）、その結果を平成一二年一二月二三日発表しているが、それによると

人といると疲れる　一九・九％
人は信用できない　二三・四％
小さいことでイライラする　三五・四％
腹が立つとつい手を出す　二九・六％
自分のやったことのよしあしはあまり考えない　三三・五％
今が楽しければそれでよい　四五・五％

保護者についての回答では

子どもが何を考えているのか解らないと感じる　三六・八％
子どもをうまく叱れない　三五・二％
子育てで途方に暮れることがある　二六・二％

といったことが眼につき注目された。とくに小・中学生の五人に一人が人とのかかわりを拒んでお

り、瞬間瞬間を楽しみ生きてゆこうとする自己中心的な意識が広がっていることも読みとれる。また保護者の回答からも、こうした低年齢の子供への対応についてすら、親子関係の絆を保つうえでの深刻な悩み、戸惑いがあることを伺い知ることができる。

また平成一〇年（一九九八）のNHK放送文化研究所での「家庭や地域、職場で人間関係をどのように対処しているか」という『日本人の意識調査』にも、「つき合い」につき

会ったときに、あいさつ程度　三一％

あまり堅苦しくなく話し合える程度　五三％

なにかにつけ相談したり助け合う程度　一五％

との回答結果がみられる。この調査は昭和四八年（一九七三）から六回実施されているが、大人の世界でも年々形式的・適宜なつき合いという推移にあり、人間関係の疎遠化・孤立化の方向にあることが読みとれる。子供の〝いじめ〟〝自殺〟〝家庭内暴力〟〝校内暴力〟〝不登校〟〝犯罪・非行〟などの型で噴出している諸問題も、こうした心情や意識、影響に立つものとみられるのである。

これらの現象への基本的認識論として、不自然にも衰弱・萎縮《いしゅく》・変質している少年の実態を率直に真摯に踏まえ、なぜこのようなことに至ったかを、われわれ大人は深く反省しなければならないわけであるが、本質的には近代化という流れのもと、無調節で無思慮な文明社会の副作用、マイナス効果が少年に深く浸透してきているということである。マイナス効果とは、余りに豊かで自由奔

放、社会が体質的に衰弱し、その座標が大きくブレており、ズレており、箍《たが》が緩《ゆる》んできており、社会が回転し進んでゆく適正な求心力を失いつつあると言うことであって、少年も同様、少年自体・少年全体が競合性をもって互いに目標を見失いつつ不明確な遊動体（社会的に浮いた状態）となって大人社会（その良い伝統・文化・習慣からも）から離脱し、逆に大人との距離感もなく浮遊しつつあるということである。

その少年の遊動体といえるものは、極限的・典型的な姿として例示すれば二極に分岐しており、一つには毎年の行事となっている富士山麓河口湖周辺で見る初日の出暴走族や、親父狩り、ホームレス狩り、アベック襲撃、あるいは仲間をマットで簀《す》巻きにしたり、女子高校生を監禁輪姦するといった狂宴犯罪・群れの犯罪などが挙げられる。もう一つはテレビゲーム、パソコン、インターネットといった機械・情報の急速な普及・発達と共に、現実感覚が麻痺し喪失した〝閉じこもり〟〝仮想現実《バーチャル》〟を原因とする罪の意識の希薄な犯罪や、携帯電話を併せ悪用したＩＴ不良といった少年犯罪の発生が挙げられよう。

(二) 少年法の保護一律一元主義への再検討

ここに至って、まず少年といえる年齢の問題が検討されねばならないであろう。わが国の現行少年法では保護主義を原則とするがため、殺人をおこなっても加害少年の名前・写真は伏せられ「非行」とされ（被害者の名前・写真は報道される）、処遇はあくまで「可塑性」（少年の将来の望ましい可能性）ありとして、健全育成のため「保護」ということで一律に運用されている。果たしてこれが少年法の適正妥当な運用なのであろうかと、素朴な疑問は常に投げかけられてきた。

少年といえば心身の発達段階に応じていくつかの段階があり、学制にそっても、幼稚園は幼児、小学校は児童、中学・高等学校は生徒、大学段階では学生と一般的に呼称せられている。世界的視点においても、少年の犯罪・非行を取扱う公的機関・対象年齢を異にしており、学問上、法制的に大別すれば、英米法型の少年法制（イギリス、アメリカ）、大陸法型の少年法制（ドイツ、フランス）、北欧型の少年法制（スウェーデン、ノルウェー、フィンランド）といった区分の特色がみられている。これを簡単に分説すれば、

○　イギリス……一九〇八年の児童法（Children Act）により少年裁判所が創設され、一九三三年に児童少年法（The Children and Yong Persons Act）により児童（Child）は一〇歳以上一四歳未満、少年（Young Person）は〝小さな大人〟という認識で一四歳以上一八歳までとされている。一九六九年に両者とも福祉的配慮が加えられているが、一九八二年の刑事裁判法で二一歳までの青少年には審判も成人の刑事裁判に準じ、拘禁的要素（Custody）を強めている。また少年の刑事裁判の冒頭では責任能力の立証がなされることを要件とし、殺人・傷害致死といった人身にかかわる罪名の凶悪事犯は、少年裁判所でなく刑事法院（Crown Court）に移され審理さ

れる仕組みとなっている。なお最近の実情とその対応には、つぎのような報道がみられている。党大会でブレア首相は「少年犯罪に寛容は無用」と演説。非行多発地域の子供の夜間外出を禁じる案や、子供が学校をさぼるのを止められない親に罰金二、五〇〇ポンド（四〇万円）を科す案も明らかにされた。政治家の発言を追う限り、英国は「厳罰化」の道を突っ走っているかにみえる。

だが、現場での取組みは厳罰で済ませるほど単純ではない。英国では一九九二年以降、犯罪件数が減少する一方、一四〜一七歳の少年犯罪は一四％増えた。これに歯止めをかけるため英政府がとった手段が、警察、教育、福祉など様々な組織に分散していた少年対策部門の一本化だった。

九八年、全国一五四ヵ所に少年犯罪対策チーム（YOT）を置き、政府には監督機関の少年司法委員会を新設した。YOTは犯罪防止のほか、逮捕された少年の審判や矯正の機能も担う。地域社会の特徴に応じて独自の対策を導入する権限も得た。ノッティンガム市のYOTが力を入れている手法の一つに、住民ボランティアが参加する委託審判（筆者注・聴問制度といわれるヒヤリング）がある。初犯の少年を対象にボランティアとYOT職員がチームを組み、どんな罰を科すか、いかに再犯を防ぐかを練る。もう一つは、米国などでも行われている「修復の司法」（筆者注・加害少年が被害者と対面し謝罪するなど）だ（平成一二年一〇月二八日・朝日新聞記事「減るか少年犯罪」⑤ロンドン＝沢村亘記者）。

○　アメリカ……起源的には子供裁判所（Juvenile Court）とその補助機関（留置学校＝Detention School、普通学校、感化院、慈善協会、教会）から発祥（穂積陳重「米国における子供裁判所」明治四〇年東京帝国大学法理研究会の講演）、現在も各州により異なるが、ニューヨーク州の少年法では七歳以上一六歳までを少年とし、公開審理を原則とするが、重罪（felony）に該たる凶悪事犯（殺人は一三歳以上、放火などは一四歳以上）は成人と同じ手続で公判が進められている。なお最近の実情とその対応には、つぎのような報道がみられている。陪審制の「ティーンズ・コート」（十代の法廷）の情景であるが、

ここでは検察官、弁護士、陪審員、廷吏のだれもが十代の中高生である。法廷にいる大人は裁判官だけ。尋問、求刑、弁論、評決など全手続を子供が進める。裁判官は監修する立場。子供同士とはいえ、法廷でのやりとりは真剣だ。「前にも万引きしたのではないか」と容赦なく切り込む検察官。弁護士は「あなたに反省の姿勢が感じられない」と証人尋問で少年の母親を突いた。

立証が終わると、男女七人の陪審員は別室で評決に移った。陪審員の評決に従って、法廷は①二〇時間の地域奉仕作業、②「なぜ盗みはいけないか」と題する二〇〇語の作文、③万引きした店への謝罪文など六つの刑を少年に言い渡して閉廷した。

ティーンズ・コートは一九八三年にテキサス州の一自治体で始まり、全米四八五カ所に広がった。対象となるのは盗み、家宅侵入、器物損壊など軽い事犯に限られ、初犯で、有罪を認めたことが条件。言い渡された刑をきちんと履行すれば犯罪記録は消える。大人が子供を刑罰で懲らしめるより子供が子供の視線で裁いた方が、再起のチャンスを与えられるのではないか。そんな更生思想に基づく試みだ。

犯罪が激減し、目に見えて治安がよくなった米国だが、少年犯罪は例外だ。司法省によると、強盗、レイプ、放火など凶悪犯罪で逮捕された一七歳以下の少年少女は約一一万人（一九九八年）。三〇年前の二倍に増えた。銃の事件はあとを絶たず、低年齢化も著しい。一一歳と一三歳が教師らに向けて乱射し、六歳男児は同級生を射殺した。少年犯罪の凶悪化に直面して米国が選んだのは、徹底した厳罰化だった。

刑事処分を科すことができる年齢を引き下げる動きが各州で加速している。多くは一四歳だが、一三歳とする州が急増、一気に一〇歳まで下げたところもある。教師を射殺した一三歳の少年に終身刑を言い渡し、校長射殺の一六歳を懲役二一〇年の刑とし、一七歳のときに殺人事件を起こした青年（二七歳）の死刑は滞りなく執行された。圧倒的多くの国民が厳罰主義を支持するなか、あくまで更生に重きをおく試みも地道に続けられている。その一例がティーンズ・コート、もう一つが「修復の司法」という裁判方法だ。（平成一二年一〇月二五日・朝日新聞

記事「減るか少年犯罪」②ニューヨーク＝山中季広記者）

○ドイツ……少年裁判所法があり、一四歳以上一八歳未満を少年として扱い、一八歳以上二一歳未満を青年（若年成人＝Herdnwachsender）として区分、起訴されればイギリスと同じく成人と同じ手続で公判が進められる。公判の結果、有罪となれば教育処分（居所の指定、職業の制約、交友関係の制約および教育的諸指示）、懲戒処分（戒告、被害者への謝罪あるいは被害の回復補填《ほてん》、労作強制、監禁）、刑事処分（少年刑務所で最長期間一〇年の服罪）の三種の処分のいずれかに処される。なお最近の実情とその対応には、つぎのような報道がみられている。

施設の責任者ノルベルト・シュトル氏は言う。ドイツでは、少年犯罪も刑法に照らして検事が取り扱う。ただ、一四歳から二一歳未満は、起訴までの手続や刑罰を軽くするなど少年裁判所法（少年法）によって処理される。この「家」は、日本なら家庭裁判所が決定するまでの手続を待つ少年鑑別所に当たる。一九九四年から約三五〇人がここに来た。平均滞在期間は三カ月。判決後、保護観察処分を受けたり、少年院に行ったり、その前に外出したまま戻らなかった少年も一割にのぼる。

一九九八年夏、ハンブルクにある同じような少年の「家」から逃げた少年が、七三歳の食料品販売業者から金を奪い、殺害した事件があった。塀も壁もない「開かれた施設」（筆者注・開放施設）では犯罪容疑少年には甘すぎる、壁の中に閉じこめるべきだ、という世論が高まった。

しかし、シュトル氏は言う。「逃げたい者は壁があっても逃げる。学校や仕事場に出かけた少年たちが、また家に戻る決意をする。その気持ちを育てたい」。

連邦刑事庁によると、一四歳から二一歳未満の犯罪は、ここ数年微増傾向にあったが、九九年は約二二六万件で前年よりやや減った。だが一五歳の少年が教師をナイフでめった突きにして殺害した事件（九九年一一月）や、一六歳の少年二人が二四歳の男と一緒に、ドイツ東部デッサウで働くモザンビーク出身の男性に暴行し、死亡させた事件（今年六月）など衝撃的な事件が目立つ。

両事件とも犯人の少年が受けた刑罰は、少年法の最高刑の禁固一〇年以下だった。量刑が軽いとして、厳罰化を求める世論は確かにある。保守のキリスト教民主・社会同盟は、最高刑を禁固一五年に引き上げる一方、一八歳から二一歳未満の年長少年は無条件に刑法を適用するとする少年法改正案を今春まとめた。

しかしドイツでは、少年たちの犯罪を裁く際に、施設で指導するなど教育面を優先するという考えが第二次大戦前に確立している。社会民主党を中心とする現政権は教育を重視しており、改正案が成立する見通しは低い。デッサウの事件で被害者側の代理人だったライマン弁護士も「被害者の立場からは、量刑は軽いかもしれない。しかし、未熟な少年たちが将来の社会復帰を援助する目的でつくられた少年法の精神は尊重しなければならない。被害者の妻には十分説明し、わかってもらった」という。

裁判に時間がかかり、効率的でないという批判もある。子供が悪いことをしたら親がすぐしかるように、少年犯罪を地域社会がすぐに処理し、少年たちの反省を促そうとの狙いで、昨年六月、ドイツ南部のシュツットガルト市に「少年の権利の家」ができた。警察と検察が同居し、少年福祉事務所が隣接する施設だ。（平成一二年一〇月二六日・朝日新聞記事「減るか少年犯罪」③ベルリン＝古山順一記者）

○フランス……この国にも少年裁判所があり、一三歳以上一八歳未満を少年とし、イギリスと異なる点は予審制度（l' instruction préparatoire）があり、これには一九世紀初期の司法改革に関する古いオルドナンス（王令）を継承した伝統の手続も含め、少年取扱い上の特則が多様にあり、勾留は一〇日以内、審理期間中に少年の身柄を親族・後見人あるいは休養センター（centre d'accueil）などへ仮委託、教育的援護措置（mesures d'assistance éducative）といった福祉的・教育的配慮が予審判事の権限として与えられている。予審により起訴・不起訴に分離、審理による有罪となれば教育的処分（保護観察付き執行猶予を含む）か刑事処分（成人の自由刑の二分の一以内の刑期）かに決定される。

○スウェーデン……児童福祉員会を法制化した「不道徳児童及び道徳的に放任されている児童の保護に関する法律」により一五歳未満の児童を対象とした福祉施設と、「裁判所の矯正訓練処分の執行に関する法律」による一五歳以上一八歳未満の少年を対象とした国立の矯正訓練処分の施設と、年齢により二つに大別した処遇がなされてきた（坂田仁『犯罪者処遇の思想』慶応通信・昭和五九年刊一〇三頁）。ただ近年においては少年裁判所を置かず、福祉の行政機関が少年問題に対応する体制にあり、すでに少年拘禁はデンマークと共に廃止されている。

○　日本……わが国は二〇歳未満を少年とし、家庭裁判所へ少年全件送致主義で、欧米のごとく重罪・軽罪の別なく、逆送の場合もあるが、単独裁判官の扱いによる自由裁量の判断に委ねられてきた。少年の刑事責任能力は一六歳以上とされてきたわけであるが、今回の一部改正で一四歳以上と、ほぼ欧米なみに近い年齢に引き下げられることとなった。

ともあれ、わが国の少年年齢は法律により区々な扱いにあり、民法での未成年者は満二〇歳以下であって（同法第三条）、未成年者は親権のもと、その懲戒権・住居指定権・職業許可権などに服し、婚姻については親の同意を必要とする（同法第八二〇条ないし八二三条）とある。しかしながら男子は満一八歳、女子は満一六歳で結婚が認められるのであり（同法第七三一条）、国会議員の選挙権は満二〇歳以上、労働法では一八歳未満は年少者として扱われ（労働基準法第五七条・六〇条）、満一五歳以下の児童は労働者として使用してはならないとしている（労働基準法第五六条）。ただ営業を許された未成年者はその営業に関しては成人と同一の能力があるとみなされる（民法第三条）。賃金も独立して請求できる（労働基準法第五九条）。各種資格についても、自動車の普通免許は一八歳で取得を認めている（道路交通法八八条）等々である。

保護法益を異にしている法であるため区々であるが、これほどの人格と能力を他の法律で認めていながら、なぜ少年法は一八、一九歳にある者を善悪の弁別が出来ぬとして、多くの場合、刑事責任をとることが出来ぬとするものか理解に苦しむところである。一八歳以上はもはや成人としてさらに少年法の適用から除外する法改正こそが、時代にも人倫にも合致した法制と考えられる。

特にこの一八、九歳年齢の少年事件につき痛切に感じた事例としては、平成六年八月八日、千葉地方裁判所刑事第一部で犯行当時一九歳の少年Sが死刑の判決を受けているが、いわゆる千葉市川の「柳田一家四人惨殺事件」という類い稀な少年事件についてである。その事実関係の全貌は、「少年法を問い直す——一九歳の「冷血」『文芸春秋』（平成六年一〇月所収）と題し伝えられるとおりで、少女を強姦、無抵抗な家族を虫けらの如く次々と刺殺しており、「人間の片鱗すらみせぬ極悪非道、残虐無惨の極み」と記述せられている。

少年法第五一条は「罪を犯すとき一八歳に満たない者に対しては、死刑をもって処断すべきときは、無期刑を科し、無期刑をもって処断すべきときは、一〇年以上一五年以下において、懲役又は禁錮を科する」ということで、一八歳以下の少年については殺人をなしても死刑を問われない。ただ満一八歳以上二〇歳未満の少年については、死刑は選択刑として裁判官の裁量に委ねられている。少年法の量刑についての特則といわれる規定である。すなわち、少年の刑事事件の量刑については、少年法の定める特則の趣旨を考慮しなければならないが、犯罪の内容が重大、悪質で、社会秩序維持の見地や健全な正義感情等の面から厳しい処罰が要請され、被害者の処罰感情の強さを首肯できるような場合（猥褻目的拐取、監禁、強姦、殺人、死体遺棄事件）には、少年の未熟性、可塑性等にも適切な考慮を加えつつ、事案の程度、内容等と均衡のとれた刑を科すべきであり、またそれが、少年の改善更生にも適し、少年法の理念に沿うことにもなる（東京高判平成三年七月一二日、高刑四四巻二号一二三頁、いわゆる女子高生監禁殺人事件判決）

と判示されている。ところで本件柳田一家四人殺害事件の弁護士はこの少年法の特則の趣旨を踏まえ

「被告人は、本件犯行時一九歳一か月の年齢にあり、少年法五一条によって、死刑が禁止される犯行年齢に一年一か月余加齢しているのみである」と主張、

「最初に祖母の文代さん（仮名）殺しについて、被告人は異常な潔癖性で、〈異常気質の被告人にとって、文代さんから顔面に唾を吐きかけられたということは甚大な精神的衝撃で、完全に常軌を逸し、とっさに同女の頸を絞めるという凶行に出てしまった〉というのである。

めった刺しにされた母親の徹子さん（仮名）については〈そもそも、この時被告人は徹子さんの背中を右包丁で刺しても死ぬとは思っていなかった〉とする。なぜなら〈被告人は犯行時

一九歳になったばかりの未成年者であって、医学的にも社会的にもあらゆる知識に乏しい上に〈中略〉人間はどの部位にどの程度の打撃を加えれば死に至るのか知りようもなかった〉からだ」と弁護している。弁護の要約記事とはいえ、一九歳がいかに医学的に、人間の成長段階で未熟であるかの強調弁護であるが、死に至る程度の認識を欠くとする主張にしても、殺人の実行行為の進行中の性格描写をして、潔癖性などという用語を用いる表現にしても、被害者への心情と行為の実態認識を欠いた、余りにも弁護のための弁護という不適切で稚拙な詭弁的表現が眼につくところであって、一八、九歳がこれほど自己責任がもてぬ年齢と担当弁護士自体が認識している点に、甚だもって疑問とするものである。

とかく少年事件は社会の鏡、大人社会の姿を反映したものといわれるが、昨今の少年事件、大人顔負けの事犯の内容とその扱いをみるにつけ、問題は一八、九歳が果たしてこれほど責任のもてぬ年齢かという点の再検討に思いを強くするもので、少年法の加害少年の人権・将来性への強い配慮から、被害者・遺族・一般市民においても事実関係が確認できず、マスコミも正しい報道がなされ得ず、少年も仲間意識から、どうせ未成年で罪にならないんだからという開き直りと、ゴネ得、口裏合わせ、しら切りが風潮化、捜査にも大きな制約をもたらしていると考えられる。また加害少年を保護する少年法の理念・制度・手続があまりにも強固であるため、被害者保護、被害感情と相容れない矛盾とアンバランスを招いていることも確かである。

いまここに、戦後の新少年法（現行法）を註釈する権威ある定版、団藤重光・森田宗一両先生の共著・ポケット註釈全書・新版『少年法』（昭和五九年・第二版第一刷の引用）では、「少年法の制度は、発明でなく発展である」と、まことに示唆深い前置きがなされ、この基本法理を二つに大別して説明されている。すなわち、

一つには、少年法は刑事法学の進歩に伴う刑事思潮に由来、犯罪を法律的に判断するだけでなく、行為者に着目してこれに適切な処遇を加えることと、司法と教育と福祉の領域に深い関連のあることを指摘され、少年法が少年のマグナ・カルタであると共に少年事件を審判する基本的手続法であることを説かれている。

また一つには、少年法は少年の要保護性に立ち、後見的・福祉的なもので、刑事法的なものであるより、むしろ衡平法（エクィティ）の思想に由来するもので、国親（パレンス・パトリエ）という思想を生み、少年法の保護理念と保護活動の理論的根拠がここにあると指摘されている。

たしかに、少年法は少年のマグナ・カルタという適正な法的手続（デュー・プロセス）という刑事訴訟法的一面と、教育（賞罰など）・福祉（後見・保護など）機能の両面を兼ね備えており、これは少年法の基本原則であり、この二面性・二面的機能があることに誰しも異をとなえるものはないと考える。ただこの原則というものはあくまで理念であり、見失ってはならない思想であるが、生起し展開する時代の波と現象、少年自体の変化に技術的・実務的対応を必要とすることから、時に立法

時の規定・文言《ぶんげん》に例外的な若干の修正、運用上の補正はやむを得ないものがあると考えねばならないであろう。

原則性に対する例外をどのように理解するかは、それぞれの法というものの目的を理解し、法を法たらしめるうえで重要なことである。法格言からいえば「例外は最も厳格に解釈すべし」とあり、例外的な法規はみだりに拡張解釈をしてはならないという考えもある。しかし、よく考えてみると、例外は例外として認めねばならないだけの合理性があるからこそ、例外としての存在価値があるものである。法律にある「但書」は、原則に対する例外であるが、それは法的に特殊でも、変種でも、除外でもないことを理解しなければならないのである。言葉を換えて言えば、例外の中にも法として公平の原則、平等の原則、正義の原則などの諸要素が、原則と同様に在るということである。また、形式論理によって考えれば、例外と原則とは矛盾を免れないが、例外としての合理性をもつことが、法の弁証法的な進化を促すことにもなることに注目しなければならない。すなわち、原則にも合理性を内在し、例外にも合理性を内在して一本の法を成立している場合、例外のもつ実体論理が原則のもつ形式論理を超えて、修正して、より高次の思想・原理へと展開されてゆく場合が少なくない。

（拙著『法学概論――現代法学の基礎』一九頁・成文堂）

という論理を引き、理念の否定ではなく当面する少年法の一部手続の改正を支持したいわけである。

(三)　現行少年法への概念・批判と市民参加

続発する少年の不透明な、脈絡のない、予測の難しい、変容著しい新しい少年の凶悪重大犯罪に対処するためとは言え、法の一部改正などで、これら少年犯罪を抜本的に防止し解消できる決定的な対策とはなり得ないであろうが、法改正と並行し、社会全体の道義感・規範意識の稀薄・欠落についての深い反省に立ち、まず身近な両親・学校・友人、それに市民が、なぜそれに気づかなかったのか、なぜそれを止められなかったのかといった思いを、一層めぐらしてゆかねばならないものである。そうして少年の匿れた苦悩、歪められた心情の早期発見がなされねばならない。

また、どんな小さなことでも悪いことは悪いと言い、これを見逃さない適切な相談・助言が大切で、逸脱していると思える交友関係、異常な言動や動物虐待、いじめ、服装、所持品、不審な金銭の浪費など、疑念ある場合の注意などが何より必要であり、この機会に国民全体が真剣に積極的にこれに取り組むことが肝要と痛感する。それにしても、学識者・文化人といわれる人々の討議より、巷での少年法改正論議は疑念・批判として、根強くさまざまな声で拡がりをみせており、沸騰している。主としてマスコミや近著によるその声を、四つの分野に分けてこれを記してみたいと思う。

○　少年法への疑念・批判〔其ノ一〕市民参加・被害者の立場から……日本の少年事犯は最終的に地域・市民社会の問題とならず立ち消えていることであろう。また加害少年の保護が前面に出され、その名誉・人権・プライバシーの配慮などから、氏名・写真の匿名性が徹底され、地域ならず全国的に社会に衝撃を与えた凶悪事犯の少年が保護され非公開に扱われてきた。被害者の実名・写真は繰返し繰返し何度となく無制限に伝えられている。このため当事者でみる被害者はもとより、関連する地元の地域社会に事実の真相が伝わらず、最終的に遠隔地の国立医療少年院と特別少年院に移され、本来、地域の重大な青少年問題でありながら、急速に白けてゆき、ボランティアの活動の余地、市民参加の余地が乏しい実情にある。少年問題につき地域のボランティア活動が育たない奇妙な聖域問題が保護という法の隔壁の中にある。

先に挙げた西欧の場合では、地域ですぐ対応、陪審制・参審制・聴問制などにより市民の声を反映し、地域の問題として取り組まれている。これは国が異なるとは言え、大きな相違と考えられる。一九九三年、イギリスの港町リバプール市で「バルガー事件」と言う衝撃的な少年犯罪が起こっている。二歳の男児バルガー君が誘拐され、惨殺死体となって発見された事件である。その犯人は驚くことに犯行時一〇歳の二人の少年で、翌一一歳のとき無期懲役が言い渡されている。この判決と同時に裁判所は一一歳の加害少年の実名・写真の報道も許している。

一九九八年、アメリカでもアーカンソー州で一一歳と一三歳の少年が銃を乱射し五人を射殺しているが、この時は事件発生と同時に実名・顔写真とも報道を認めている。加害少年の更生を目的とする少年法の趣旨は理解できるが、これほどの大きな事件への対応には、被害感情・地域へ

の対応としてこれを許すという柔軟さとケジメが司法にみられている。しかし、わが国現行少年法ではこれがなく、

少年法ないしその改正を考えるときは是非、非行を犯した少年自身の改善更生もさることながら、被害者や社会秩序の維持までも見渡す目を持っていただきたいと思うのです。最も排すべきは、現行少年法の○○は絶対に変えてはならないといった金科玉条的発想のように思われます。いわゆる護憲論者にもこの手の発想がまま見られますが、これでは論議にすらならないのではないでしょうか。少年法の専門家が現行少年法に固執するのはその特殊性ゆえに存在意義があるのだから当然としても、一般に法律家にこの手の硬直した発想がまま見られるのはとても残念なことだと思えます。

（佐々木知子『少年法は誰の味方か』二九頁・角川書店・平成一二年一二月一日）

との論評がみられるが、これは平素よりの私見と同様、同感とするところである。

さらに、少年の凶悪異常な事犯に医療少年院送致の事例が最近特に目立っているが、このため公開法廷での少年審判が回避され、事実の解明、真相究明の道を閉ざしており、被害者の立場との関連から少年法改正に「刑事罰と更生の在り方」「情報公開の在り方」の問題を残しているとの指摘や批判が強くあることも見落としてはならない。すなわち、

少年審判は非公開のため、精神鑑定書の一部が関係者を通じて伝えられ、全体像のように

報道されたのは否めない。非公開性が持つ問題は残されたままだ。英国政府は、少年事件を含む重大事件の際、数人の調査委員を任命し、議論の土台となるリポートを作成し、国民に公開する。少年審判に、条件付きで被害者側や報道関係者が立ち会うことも裁判官の裁量で認められている。野田正彰・京都女子大教授（精神病理学）は「わが国でも事件がなぜ起きたのかを解明し、社会全体で再発防止策を講じることが大切だ」と強調する。凶悪な少年事件からわれわれは何を学ぶのか。更生の観点から少年法の精神は引き続き尊重すべきだが、再犯防止を目的とする情報公開の要請に応えるためには、日本もこうした制度の導入を真剣に論議すべき時期にきている。

（平成一二年九月三〇日・毎日新聞記事・青島顕記者解説）

○　少年法への疑念・批判（其ノ二）捜査についてのスクープ・論評……一部改正の少年法でこの段階、この部門がどう変わるかということであるが、国会では捜査段階にまで踏み込んだ立法論はなされず成立しており、四月一日からの警察の対応には、これまでの少年事犯の扱いと勝手が違い、かなりの戸惑いと、手さぐりに近い重荷の捜査が当分つづくこととなろう。なにぶんにも、重大緊急な少年犯罪は「原則送致」との路線となるため、これまでと異なり厳格綿密な成人の刑事裁判と同様の有罪であれば裁判に耐えられる捜査が求められる。

刑事裁判では、自白調書や目撃供述があっても被告弁護側が採用に同意しなければ、裁判の証拠にはできない。警察が証拠能力の問題に神経を使うのはこのためだ。ある検事は、過去の「手抜き」を打ち明ける。一六歳の少年による傷害致死事件だった。仲間同士のけんかで、相手が頭を打って亡くなった。

「君がやったのか」

「すいません」……

地検で取り調べを受けた少年は、うつむいたまま小声で答えた。普通なら目撃者や関係者を参考人として調べるところだが、検事はこの少年しか呼ばないまま家裁に送った。この検事は言う。「一六歳までの少年が傷害致死や監禁致死事件を起こしても逆送される率は低かった。今後はそうした事件も手が抜けなくなる」

（中略）逆送されないような事件で検察は、警察と家裁をつなぐ「トンネル機関」にすぎなかったという。「原則逆送」の規定が導入されれば、殺人事件はもちろん傷害致死事件なども逆送を前提に綿密に調べるようになる、とこの幹部は考える。

（朝日新聞・平成一二年一一月二九日記事）

といった一部改正となる少年法実施を想定した取材記事がみられている。今後は逆送少年についてきちんとした証拠（人証・物証）固めを必要とし、凶悪で否認を貫き、共犯の多い困難な事件などでは検察官関与が認められることから、刑事裁判手続による審理が進められることになる。

ここら辺りが改正少年法の厳罰化・冤罪のおそれなどの批判・懸念、弁護体制の強化という少年法改正反対の意見となっている点である。

○　少年法への疑念・批判〔其ノ三〕審判についてのスクープ・論評……少年法改正論議のなかで最も集中的に、一般的な批判として聞こえてくることは、少年法は「事実関係を争う仕組みになっていない」、「責任を問い罰する体制になっていない」という二点である。これまでの少年審判は「懇切を旨として、なごやかに、これを行わなければならない。審判は、これを公開しない」（少年法第二二条）の法が示す趣旨・方式に沿っておこなわれてきた。

「言いたくないことは言わなくていいから。問題になっていることは分かっているね」。そう語りかける裁判官の言葉に、少年はゆっくりとうなずく……。

これまでの少年審判廷の様子は「カウンセリング室か校長室のようだ」と元家裁判事は説明する。

裁判官が一段高い席から見下ろす刑事裁判とは異なり、裁判官と少年が同じ目の高さで向き合う。裁判官は法服をつけず、スーツ姿が多い。保護者が少年と並び、傍らには付添人の弁護士。こんな雰囲気の審判廷が変わる。非行事実の有無に争いがあり、証拠調べが必要になるケースでは、裁判長の両隣に陪席の裁判官が座り、付添人の正面に検察官が向き合うこともある。

（朝日新聞・平成一二年一一月二九日記事）

として、改正少年法実施の暁には、一転、少年審判廷はなごやかなカウンセリング室・校長室から激論の場になるのではないかとの、懸念の報道がなされている。ここで私見を付すならば、少年審判という重大な場面であるならば、厳粛性・教化性という雰囲気と認識だけはどこまでも維持され進行されることを願うものである。法改正により裁判官の単独性から三人の合議制の導入場面があるのであるが、これにつき、

少年の事件を取扱うのは家裁なのですが、これまでは裁判官は一人だけで、しかも其の裁判官は少年事件の専門家ではないのです。アメリカなどでは少年事件の専門家が何十年も少年裁判所の裁判官を続けているのです。私は、これが日本の制度の最大の欠陥だと思うのですが、少年審判では、刑事裁判とは異なる対応が不可欠にもかかわらず、四九年に現行少年法を作った際に、それにふさわしい裁判官を養成する制度をつくらなかったのです。ですから、家庭裁判所調査官という専門家の協力は得られますが、裁判官は少年事件の専門家でもないのに、最終的には一人で判断しなければならないプレッシャーを負っています。殺人事件でも一人で決めなければならないのです。

（後藤弘子「少年法」は何のためにあるか――四月に施行される改正少年法のポイントと課題――雑誌『潮』平成一三年二月号所掲）

審判の実際の判断は、多くの場合「調査官」が行っている。調査官の調査の段階で、厳しい

対応を採る人もいる。だが、彼らは同時に少年への保護も考えねばならない。つまり、一般の刑事裁判での「検察官」「弁護人」の二役を、調査官が事実上行っているのである。この中途半端な少年への責任追及が、家裁を刑法犯少年の温床と化さしめて来た一因でもある。

（長谷川潤「家庭裁判所解体論」――バスジャック凶悪犯を療養所送りにした家裁などもういらない――・雑誌『正論』（産経新聞社刊・平成一二年一二月号所掲））

といった論評もみられる。

○　少年法への疑念・批判（其ノ三）処遇についてのスクープ・論評……少年の刑事責任年齢を一六歳から一四歳に引き下げることにより、少年法の厳罰化と言うことを強調し、改正に根強い反対もみられた。

しかし現行少年法五一条に「罪を犯すとき一八歳に満たない者に対しては、死刑をもって処断すべきときは、無期刑を科し、無期刑をもって処断すべきときは、一〇年以上一五年以下において、懲役又は禁錮を科する」とあり、第五二条で「少年に対して長期三年以上の有期の懲役又は禁錮をもって処断すべきときは、その刑の範囲内において、長期と短期を定めてこれを言い渡す。但し、短期が五年を超える刑をもって処断すべきときは、短期を五年に短縮する」と、長期・短期を定めた。少年であるがゆえに可塑性を認め、不定期刑がすでに法定されており、年齢が二歳引き下げられても諸外国の少年年齢と比較すれば、厳罰でなく寛刑にすぎたものであったと言えよう。

少年刑の運用の場である少年刑務所の歴史をふり返れば、西欧の長い懲治場・懲治監・感化監の処遇実績を吸収してできており、無造作な思いつきで制度化されたものではない。また厳罰を意図して制度化されたものではないわけである。大正一一年、〝愛の法律〟と呼ばれた旧少年法制定にともない、全国の未丁年監（幼年監）である横浜・盛岡・函館・長崎・金沢・奈良・巣鴨の各監獄と、川越・小田原・洲本・岩国・唐津・堀川・宇治山田の各分監が統廃合を進め、同年一〇月一四日、川越・姫路・名古屋・岩国・盛岡が少年刑務所となり、現在は函館・盛岡・川越・水戸・松本・奈良・姫路・佐賀が少年刑務所としてある。

戦前これら多くの少年刑務所は「少年行刑」として華々しい教化の実績をのこし、その蓄積された少年処遇のノウハウは伝統として現在においても伝えられている。戦後の混乱期には少年刑務所はもとより、少年の過剰拘禁対策として一般刑務所の一角を区画して特別少年院を併置するなど苦労の大きい時期を通り抜けている。

この少年院の苦難の時期、旧少年法から新少年法にかけ、少年院を長年にかけ育てあげ、多くの少年・職員に慕《した》われた円満な人格者・徳武義多摩少年院長ですら、その現職中の論文『少年院運用上の諸問題』（日本刑法学会「刑法雑誌」第三巻第四号七七頁以下・昭和二八年）において、少年院運営上のやむを得ぬマイナス要因・問題点をつぎのごとく率直に論じている。これは振り返るべき貴重な意見である。

それは、アメリカの矯正院の予後につき、グリュック夫妻 Sheldon Glueck and Eleanor T. Glueck の研究は、マサチューセッツ矯正院の出身者五〇〇人の出院後一五年以上の経過について、その更生率は僅かに二二・六％であると報告しており、またヒーリー Healy、ブロンナー Bronner 両氏が四二〇人の非行青少年中、施設に収容された三一一人についてなした調査研究によれば、予後不良はその七〇％であるに反し、非収容者の予後不良は三四％であると発表しており、さらにボーラー Alida C. Bowler およびブラッドグッド Ruth S. Bloodgood 両氏は矯正院出身少年七五一人について調査の結果、出院後五年ないしそれ以上引き続いて更生の実を示している者はその三二％であると報じていることを挙げ、わが国については、少年院出身者の予後不良の最大かつ根本的原因は、少年院収容者の過半が既に相当な非行の前歴者であり、また各種の悪癖や性格的欠陥の所有者であるためにその矯正と改善が相当困難であるということに存するのであるが、同時にまた、その原因の一半は、かかる素質や傾向を持つ少年群の集団である収容施設に特有な、各種の伝統的または本質的欠陥にもまた根本的問題が潜在するのではないかと思うと述べ、その理由として、要約左の五点を挙げている。

その第一は、少年院は収容少年に矯正教育を授け、また治療を施す施設であるに拘わらず、この目的達成のために少年の身柄を確保する必要と、少年の非行から社会を防衛せんとするいわゆる保安的機能が、少年院の主要目的や任務である教育的機能に先行せんまでも、とかく之を抑制し働こうとする傾向である。（中略）これらの教育的処遇とその分野が、保安的要請の攻勢によって侵害される場合は、その程度に比例して矯正教育の活動範囲は狭くなり、矯正教育はその外見と形式のみが残る結果となって、少年の出院後の成績（すなわち改善率）は低下せざるを得なくなるのは必然である。

その第二は、矯正教育における集団的処遇と個別的処遇の対立矛盾である。少年院における矯正教育は集団的処遇と個別的処遇の相交叉する処に成立し、両者の巧妙な操作運用によって始めてその実績を期待し得るものである。しかし現実は往々にして教育としての集団的処遇が、その本来の使命目的を逸脱して、矯正教育の要目としてのいわゆる「紀律」が集団としての収容施設のために利用せられるか、あるいは「厳格な紀律」に転化し易く、人格主義や科学主義に立脚し、また之を主張する近代矯正教育における少年処遇上の特質ともいうべき、個々の少年の心身の要求の充足や、その心理的特性および傾向に対する治療教育的処遇などを目的とする個別的処遇が等閑視されたり或は軽視されがちになる。

その結果、集団処遇と個別処遇の両者が相交錯または相併行して行われることによって完成する矯正教育は跛行的状態に陥り、したがって少年矯正の実はこれを期待し難くならざるを得ない。殊に集団処遇の形態あるいはその名において、施設の秩序や紀律の維持が強制されると、紀律違反に対する懲罰が教育に代位することになり、矯正保護施設が懲戒施設化する傾向に陥りがちとなるから、この点、教育を本旨とする少年院のごとき矯正保護施設においては、その運営上とくに留意する要があろうと思う。

その第三は、少年院のごとき矯正保護施設の最も重大な欠陥の一つは、この種施設（特に公立の）特有の高度に組織化された日課や過剰な規則のために、非行少年の性格的特性というべき他者依存の態度習慣や非自主的傾向をさらに発展助長させる惧《おそ》れが生じ易いことである。

その第四は、収容者の構成から生ずる悪感化、すなわち「不良少年養成学校」化する傾向に陥りがちなことである。

その第五は、直接少年の矯正教育の任に当たる適当な人材を得ることの問題性で（中略）タフト教授 Donald R. Taft が共著『犯罪学』Criminology, 1950 において、「情緒不安定な少年の統御には職員自らまずその情緒が安定していなければならない」と述べているとおり、職員自身が平衡のとれた人格の所有者であることが最良の資格として要請されるのである。（中略）しかし現実的には、わが国の少年院の過半が山間辺陬の地に位置するため、職員の生活上の不便はもちろん、文化的恩恵に接する機会が少ないばかりでなく、その待遇とその負担苦労に対し酬いられることが薄く、かつ世俗的意味における地位や栄達の道は極めて狭いため、理想とする良材を此種施設の陣営に吸収することは甚だ困難であることが、わが国現在の少年院の運営上の最大の欠陥であり、またその不断の悩みである。

第五については、現在は大きく改善され人材が揃っているわけであるが、拘束と教育という二律背反的な宿命的条件のもとに管理運営される少年院の苦渋にみちた当時の実情を伝えている。

これが日本経済の高度成長期に入ると共に、欧米式の開放処遇・処遇の多様化・非刑罰化といった処遇思潮が導入され、少年の拘禁処遇を排除する傾向を強めている。しかし一八、九歳の年長少年の増加はもとより、少年事件は増大しており、法務省は昭和四一年五月「少年法改正に関する構想」を説明、青年層の設定、検察官先議、処遇の多様化を盛る内容を提示している。これに対し同年一〇月一八日、最高裁判所事務総局は「少年法改正に関する意見」を発表、法務省構想について処分の多様化のほかは、おおむね反対を表明、ここに少年処遇につき法務省と裁判所との意見が大きく対立するという重大な事態に至っている。

以降、これは様々な形で見解・処遇上の相違をみせ、非行少年の取締や処遇に反映されている。すなわち早速、翌昭和四二年の諸統計の数字をみても、裁判所は少年院への保護処分を回避する方針が傾向として明らかにみられ、少年院収容人員の急速な減少をみせている。法務省はこれを憂慮、昭和四五年六月一六日、『少年法改正要綱』を掲げ、青年層の設定、検察官関与を骨子に、法務省刑事局青少年課編『少年法はどうなるか』といった解説の冊子を配布、「青少年の事件について不送致処分や不起訴処分を認めると保護すべき者まで保護されなくなる」、「家庭裁判所が青少年に対して刑を言い渡すことは家庭裁判所の性格にそぐわない」などの解説で批判がなされている。

いっぽう裁判所側は、少年院の再犯率が高い、闘争・騒擾が多い、社会資源の活用度が乏しく低いなど、その教育力への疑念を強く示し、少年院送致の場合の強い処遇勧告、審判の不開始、不処分の高率がみられている。昭和五四年度の犯罪白書をみても、審判不開始及び不処分とされたものは、昭和五三年においていずれも前年より減少しているが、それでも全体の八八・六%という高率を占めている。審判不開始及び不処分の比率は、総数では九〇・〇%であるが、罪名別にみると、外国人登録法違反が九九・六%と最も高く、傷害致死が一二・五%と最も低い。凶悪犯は、検察官送致及び保護処分となる比率が高いが、それでもなお、放火の四五・二%、強盗の四〇・七%、強姦の三一・六%は審判不開始及び不処分となっている。放火・強盗・強姦がこのような高率で審判もせず不処分というのは理解のできぬものであった。

なかでも家庭裁判所調査官の在宅試験観察（少年審判規則第四〇条第三項）・補導委託による試験観察（少年審判規則第四〇条第四項）という制度が多用され、終局決定として不処分に繋がり、事実上の調査官段階での自己完結的処遇がなされたとみられるケースも多い。家庭裁判所調査官の調査・観察の一形態であって処遇ではないとは言うものの、この措置について事実上の中間処遇・一時的処遇であるとの見方は、研究者・少年院側から根強くあったものである。いずれにしても試験観察という制度は少年法上に規定はなく、少年審判規則は少年法の趣旨に立つとの説明があったとしても、それは審判廷での手続規定であって、保護処分として矯正教育を制度上受け持つ役割にある少年院側としては、今や立法当時予想もしない方向へ処遇の流れを転じており、試験観察という名の裁判所による社会内処遇がなされていると見るのである。

またこれまで裁判所自ら少年院送致の決定を下してきた対象レベルの少年が、果たして試験観察という名で確実に更生でき得るものか否か、長年この種少年の身柄を実際に預かり、処遇に取り組んできた矯正職員、またそれを支えてきた篤志家・ボランティアの間にある〝試験観察という名の野放し処遇〟という危惧・批判が厳しくあることも長年聞かされているが、司法という聖域を憚り公言されていない事柄であるが、少年法の改正というこの際、検討のあってよい少年処遇の重要事項として触れざるを得ない。

憲法上からみても、判決前調査制度という機能にすぎない試験観察が、同時に事実上の処遇機関として機能してきたと言うことは、「司法・行政の混同」「矯正教育を含む処遇という行政領域の侵害」という三権分立機能という関係からも考えねばならぬ問題である。少年法の運用にこれほどの大きな修正がみられるに至ったことは、かつての密接な関係を保った少年審判所・矯正院の関係を想起すれば、新しい法改正の運用過程において調整・検討を重ね、適切で効果的な処遇の方策を互いに見出してゆかねばならないとの思いを痛感するところである。

少年処遇は、昭和三〜四〇年代（一九五七―一九七四年）、このような問題を抱えての推移であるが、さらに昭和四九年一一月、遂に少年院収容少年の大きな定員割れに至り、「矯正施設適正配置計画に基づく少年院の収容業務の停止について」(矯総第二五〇三号)の通達により、法務省は千葉星華学院・三重少年院・岐阜少年院・千歳少年院の収容業務を昭和五一年四月をもって停止との措置をとることとなっている。なおこれより以前の昭和四八年一〇月、豊浦医療少年院も廃止されている(法務省告示第三三二号)。少年刑務所も昭和二六年には三〇〇〇人を超える収容少年を抱えているが、平成九年にはわずか四二人(内女子一人)となっている。これらの措置は一般社会では知られていない。少年の犯罪・非行が増大し凶悪し、少年法の改正が叫ばれていながら、一般社会人から少年への取締が手ぬるい、甘やかし、野放し、処遇がなされていないとの批判を通り越し、非難・不信の声が高いことは、今回の一部改正の論議の中で痛いほど聞く遠因である。新しい世紀を迎えたいま、新時代にふさわしいカリキュラムをもって、改正少年法の画期的・総合的な処遇の流れが、裁判所・法務省の合作で実現されることを期待したい。

(四)　少年非行に対する罰の要素の再認識

私は少年法制の研究という角度から、歴史的に積み上げられてきた懲治・懲戒・感化・御仕置きといった教育場面を踏まえ、『少年懲戒教育史』(昭和五一年度文部省学術助成図書・助成金三三〇万円)を刊行、日本教育史学会主催の学会発表(於慶応義塾大学塾監局二階大会議室)をおこなったのであるが、質疑のなかで「少年保護」は学術的に解るが、一体「懲戒教育」「懲治教育」という教育概念があるのかという批判的言葉を主として国立大学・教育系大学系の若干の先生方から批判の言葉を拝聴した。当時としてはこの用語は受容されず、とかく人権派・進歩的文化人のグループと言われる人々からは、少年への体罰・虐待・折檻に繋がり、あるいはそれらを肯定した思考を連想させるもののごとく受容されたようである。

幸いこのたび、少年法改正論議のさなかにおいて、信山社社長袖山貴氏は拙著『少年懲戒教育史』が時宜に適した書として注視され、ほとんど古書店にも流通していない本書復刊の労をとられ、再び世に問う機会を得ることとなった。この書を通じて言う懲戒とは、少年法での非行を一律「保護」という表現をすることに制度的・概念的に誤りがあるとするもので、判り易くいえば、もう一つの「懲戒」「刑事罰」という要素、それはスポーツ用語で言えばルールに違反した場合、ペナルティという「罰」「減点となる制裁」「責任をとる」ということの当然性を理解させる、納得させるということである。成人も判決に納得してこそ更生のスタートにつくと同様、少年も自ら犯した行為に対する罰の理解・自覚・反省・受容があってこそ、本当の意味での保護・教育の対象となり得るものである。

近年、少年への罰として眼を引くものにシンガポールで少年に対し「ムチ打」の刑罰が採られていることである。新聞報道によれば落書き・喫煙・麻薬への厳しい取締りの一策で、かつてわが国が江戸時代に少年に対し「刑場叱り」など、「見懲《みご》り」「見懲《みご》らし」という、その眼で刑の実際を見せ、犯罪・非行防止の間接体験をさせることと似たものと言えようか。

「その現場を青少年に見せる刑務所体験ツアーがある。裁判所から保護観察処分などを受けた一二歳から一八歳が対象で、刑務所の雰囲気を味わわせ再発防止を担う。「見せる」ことによる抑止が、シンガポールの少年犯罪対策の特徴だ。」「シンガポールの法律では七歳から一五歳までが少年。ムチ打ちは犯罪の重さに応じて回数が決められ、少年は一〇回までに制限されている。しかし一度に三回が限界とされ、それを超えると大人でも失神する人が少なくない。刑を受けた後、一週間は仰向けに寝られず、しりの傷は一生消えないといわれる。」

見せる抑止は学校現場にも及ぶ。昨年、中学校に警官の制服を着た教師が現れた。「ティーチャー・コップ（警官教師）」である。主に生徒指導を担当する教師が任命され、短期間、警官としての訓練を受ける。中学校一六六校の約半数に導入された。米国のような子供による銃乱射事件があるわけではない。警官教師も銃は持たない。生徒が法を犯せば逮捕もできるが、それよりも恐怖心によって非行を防止するのがねらいだ。警官教師が警戒するのは、「秘密組織」と呼ばれる十代の非行グループ。ハンバーガーショップなどをたまり場とし、暴力団の予備軍とされる。「メンバーを増やすため学校に現れるので、撃退するのが我々の役目だ」と、シンガポール西部の中学校に勤務する警官教師トーマスさんはいう。週に数回、学校近くの団地やショッピングセンターも巡回する。秘密組織のメンバーはトーマスさんの姿を見るだけで逃げて行く。」

「それでも、メンバーに加わってしまった生徒には、〝麻薬リハビリセンター〟を見学させる。麻薬常習者の刑務所で、週二回、中学生向けに公開している。昨年は中学生全体の約一％に当たる約四、〇〇〇人が訪れた。トーマスさんは「主に喫煙をした生徒を送り、麻薬患者の悲惨な姿を見せている」と言う。喫煙癖は秘密組織の特徴だ。喫煙が高じて麻薬に走らないとも限らないともいう。しかし、こうした徹底した非行防止策にもかかわらず、少年の逮捕者は今年上半期で七五六人と、前年同期比で七％増加した。一九九五年をピークに減少していたのが、再び増勢に転じた。

（朝日新聞・平成一二年一〇月二七日記事・シンガポール＝岡野直記者）

たしかにシンガポールの事例より、非常に熱心で徹底した取締り姿勢を伺うことができる。ただ国情の差と言うものがあり、わが国の少年にこの方式の懲罰（刑罰）が応用できるかといえば、風俗習慣を異にし、これは受け入れられないであろう。ただ、本稿で言わんとすることは一律の保護ではなく、少年の教育に賞罰の運用が如何に重要であるかを改めて理解したいということである。少年の悪事はどんな小さなことでも見逃さず、「悪いことは悪い」と、反射的・即応的に叱責し訓戒がなされ、厳粛な反省を促す効果的時間と貴重な場が設定されねばならないと考える。

成長期の少年に適切な罰・懲戒は、発展・飛躍の教材であり体験であって、賞＝温める、抱擁力、化学的促進↓誇り・自信を与える罰＝冷やす、強制力、物理的強制↓懲らす・戒めると図式できよう。たしかに罰は、こうした形で教育原理・教育力学のうえから教育効果があることを認めるのである。

ここにおいて、現行少年法の保護主義を貫こうと少年法改正に反対、改正について「少年法の厳罰化」「厳罰主義は有効か」という問いかけをする立場の人々にまたまた反論せざるを得ないわけであるが、賛成・反対という論議はあっても、また少年法の一部改正はあっても、その法の骨子は何ら変わらないものであることをまず念頭に置くものである。

ただ大人であれば大犯罪である殺人・強盗といった凶悪犯罪を犯しても、法は少年であるがゆえに非行として扱い、加害少年の更生を前提に罰という概念に該らないとする考えは、もはや被害者も社会も認めることが出来ないとする認識に至ったことが法改正に繋がったわけである。すなわち凶悪な少年犯罪については罰の概念・要素を認容したということで、これが即「厳罰主義」という飛躍的なもの、「一罰百戒」という見せしめ的なものでなく、社会秩序の保全、被害者への謝罪、自己責任に立つ罰の受容は当然のものとして事の重大性を自覚させ、解らせねばならないとするものである。ともあれ少年であっても、この場合は例外ではなく、今回の改正において、この点に国民的理解を得たということは、きわめて有意義なことであったと思う。国民的理解とは別言すれば「確信的故意ある犯罪は少年法にかかわらず裁かれねばならない」という世論があるということであり、極端な強硬論としては「少年法無用論」、刑法で十分という意見も数多く聞かされたほどであった。

(五)　少年法は本来親権を中心とする民法の特別法

さて、六法全書に司法と福祉の両面をもつ少年法を捜せば、少年法は刑事訴訟法の枝の部分に手続法の一つとして位置づけられている。少年法制の歴史的重み、哲学的思考から探る人間学としての奥行きの深さを考えれば、手続法ではなく実体法として固有の独立した領域をもつだけに奇異に感じられる。ただ少年問題をいきなりストレートに少年法の俎上《そじょう》に乗せる発想ではなく、西洋の古い法諺「法律は家庭に入らず」との含蓄深い知恵の言葉にも耳を傾けねばならない。わが国の俗言〝地震・雷・火事・親父〟も家父長制に立つ親父の重み・怖《こわ》さ・畏《おそ》れにより、青少年の暴走を抑えるものがあり、暴君的で理不尽な点もあるが、一つのブレーキとしての教育的役割を果たしていた。また自然界にも「天敵」と言うものがあり、それを警戒し身を守る生きる知恵が植え付けられ育っている。それらの習性に学び、拙著『少年懲戒教育史』（第一法規・信山社より復刻出版）の序に

ファーブル Jean Henri Fabre（1823–1915）の『昆虫記』Souvenirs entomologiques を繙くとき、いつもながら生あるものへの新鮮な驚きを感じるのであるが、とりわけ、この昆虫の幼虫から成虫への成長史というものは、およそ親子でありながら似ても似つかぬものであることに、大きな

驚きを覚えるものである。

この変化ある成長期には、様々な事が起こり、様々な成長への約束も求められる。人間の世界においても、つぎの世代を託す子供に、厳しい躾けや身分的位置づけ、そして罰を与える制度が古くからあるということは、それを通し、正常な孵化、成長を促そうという本能的な願いがあるものといえよう。それは私的にも社会的にもである。したがって、この未成熟な少年に罰を与えることにより、果たしてどのような教育的機能をもたらすかを考え及ぶことは、昆虫と同様、人間の脱皮・成長のあゆみを知る尺度でもある。ここにまた、少年への懲戒教育史といおうか、少年への仕置、懲治、感化、教護、それに行刑と保護を対象とした歴史の存在を知るのである。と記してみたわけである。やはり教育にはこのような天敵の存在が必要であるとの認識にある。西洋の諺に「脱皮できない蛇は亡びる」とあり、人間の成長期による子供は、教育の力で望ましい理想的人間像へと変身脱皮する、いわゆる「可塑性」があるという意味は、この諺の中に内在していると思われる。

かつて子供の非行は貧困家庭、欠損家庭、親の無教養などにあると言われてきた。しかし現今の豊かな社会、高い学校教育や溢れる情報社会においては、両親が立派に揃っていながら非行を生む機能的欠損家庭が問題とされ、成績優秀と評価されている優等生の犯罪がみられている。そこで、いざ犯罪・非行が起こると、これらの両親は「そんなことは無い、うちの子に限って、何かの間違いでしょう」から、「そんなそぶり、前兆はみられなかった、全く知りません」など、わが子の異常に気付かなかったと言う弁明がほとんどである。

同じ屋根の下に起居を共にしていながら、これらの多くは平素、放任・黙認・甘やかし・過干渉などにより、おおむね親子の会話（コミュニケーション）を欠き、子供も密室に閉じこもってテレビ・ゲームなど交友を欠いた日常。夫婦は仲が悪く家庭内離婚の実態にある場合が多い。親の存在は最も大きく一番影響力があるものであるにもかかわらず、ひと口に言って、親としての機能・役割・影響力が無く、母親は子供が大学生になっても「ボクちゃん」と呼び成長度ゼロで子と同じレベル、父親は最多忙の企業戦士で無関心という両極端にあるようである。どのように考えても根本は親の在り方の問題であり、われわれ大人は親権が機能していない、親権を放棄している、あるいは親権をもはや喪失していることに気付かねばならないわけである。

民法八一八条以下の親権の項を繙けば、

第八一八条〔親権者〕 ① 成年に達しない子は、父母の親権に服する。

② 子が養子であるときは、養親の親権に服する。

③ 親権は、父母の婚姻中は、父母が共同してこれを行う。但し、父母の一方が親権を行うことができないときは、他の一方が、これを行う。

第八二〇条〔監護教育の権利義務〕 親権を行う者は、この監護及び教育をする権利を有し、義務を負う。

第八二一条〔居所指定権〕　子は、親権を行う者が指定した場所に、その居所を定めなければならない。

第八二二条〔懲戒権〕　①　親権を行う者は、必要な範囲内で自らその子を懲戒し、又は家庭裁判所の許可を得て、これを懲戒場に入れることができる。

②　子を懲戒場に入れる期間は、六箇月以下の範囲内で、家庭裁判所がこれを定める。但し、この期間は、親権を行う者の請求によって、何時でも、これを短縮することができる。

第八二三条〔職業許可権〕　①　子は、親権を行う者の許可を得なければ、職業を営むことができない。

②　親権を行う者は、第六条第二項の場合には、前項の許可を取り消し、又はこれを制限することができる。

第八二四条〔財産管理権と代表権〕　親権を行う者は、子の財産を管理し、又、その財産に関する法律行為についてその子を代表する。但し、その子の行為を目的とする債務を生ずべき場合には、本人の同意を得なければならない。

とあり、親権として子に対する監護教育権・居所指定権・懲戒権・職業許可権・財産管理権と代表権が明定されている。少年法のルーツは実はここにあるのであって、これらが全うされれば通常少年法は無用と言えるかも知れない。

少年法論議が高まるなか、少年をめぐる法律論・精神医学的論説のほか、社会的背景を掘り下げながら、小説作法で家庭の在り方・親の在り方・少年に心の窓を開かせる貴重なヒントと言える話題作が色々とみられている。たとえば直木賞受賞作となった重松清『ビタミンF』（新潮社）の中にみる短篇の一つ「ゲンコツ」は、子を持つ中年のサラリーマンという立場を主人公に、同じ団地で自動販売機の小銭を抜き取ろうとする悪ガキ洋輔に、勇気を出して注意し対決するという筋で、他人の子供にも注意を与える正義感の発露をリアルに、ユーモアをもって訴えている。同じく短篇「はずれくじ」も、わが息子を情けなく思いながら、自分も父親として、〝はずれ〟だったと気づくもので、親の自省に向けられた、しみじみとする短篇である。また同じく短篇「パンドラ」は、娘奈穂美の万引をめぐり父親の温かい視線がさり気なく描かれている。その他同氏の作品「ナイフ」「エイジ」も非行少年の心をノックし続け、閉ざされた心を開かせようとする好作品である。聞けばビタミンFとは読む人の心にビタミンのようにはたらくFamily（家族）Father（父親）Friend（友達）の3Fを指すと言う。

われわれ大人は少年に対し決して精神主義で訴えるのではなく、現在、少年が置かれている環境と意識を、しっかりと素朴に、原点から見つめ、把え、再認識して臨まなければならない。大人・子供の区別なくAnomie《アノミー》化（規範を喪失し攪乱《かくらん》状態にあること＝ギリシャ語）している逸脱した現状を新しく建て直さねばならない。政府の諮問機関「教育改革国民会議」でも、新しい時代に求められる個人としての強さ、少年の自己拘束力・人格的自律の育成といったことが強調されているが、もっと解きほぐされた表現で啓発されることが望まれる。

マスコミも、「心の闇」「前兆」は親の責任で把え、その要因を摘めといった檄文を見出しとして掲げられているが、諸雑誌もトーンは異なるが、さまざまに企画され採り上げている。ＰＨＰの雑誌『ほんとうの時代』（二〇〇一年二月号）においては「少年犯罪と親の責任」――子どもの不始末は親の責任か――という特集が組まれ、つぎのような諸意見がみられている。ここでは本文を省略、その各見出しを拾い掲げさせていただこう。

○小浜逸郎（哲学者）……犯罪行為に関しては「責任あり」と言える。親に対して子育ての〝無限の責任追及〟をすることはできないと思います。

○福島章（犯罪心理学者）……子どもの犯罪の責任は親にも教師にもない。情報化社会の進展とともに、子どもへの親の影響力はゼロに近づいている。その結果、子どもの心は、マスメディアという現代のモンスターに方向づけられるようになった。

○櫻井よしこ（ジャーナリスト）……いまの親は〝人間の基本〟を伝えていません。豊かな時代に育った親は、彼ら自身が認識を誤っている面があります。子どもにまともに生きてほしければ、まず自分自身がまともに生きることです。親がまともじゃないから子どもがおかしくなる。

○馬屋原悠子（カウンセラー）……子が道を誤ったら正すのが親のつとめ。実は、私自身、娘の非行に悩んだ経験があります。何を考えているのか、まったくわかりませんでしたが、私の姿を娘は見ていると信じて、徹底的につきあいました。

○ジョン・ギャスライト（コラムニスト）……子どもの「心の庭」を育てるのは親の責務。物質的な豊かさやお金をあげるのが親のつとめの本質ではありません。夢と夢を実現させる力を伝えることこそ親の仕事です。

○大林宣彦（映画監督）……お互いに顔を見せ合える関係でいよう。殺人がいけない理由を子どもが人に聞く事態がこわいのではなく、その問いかけに対して共に考えようとする大人が不在なことのほうが恐ろしい。

○桐島洋子（ノンフィクション作家）……すべての責任を親に帰すことはできない。子どもが犯罪を犯せば苦しんでいます。その親を必要以上に責めるのはどうか。まして、いじめが行われるのは、加害少年と紙一重です。

各界識者の意見は多様であるが、基本的認識として少年の犯罪と非行の実態を臨床的にも体験的にもよく観察し、鋭く突いており、いずれも少年の将来の幸せと親の責任につき、考えさせられるものである。

新世紀を迎えたが毎年相変わらずの富士山麓初日の出暴走族の大暴れ、新世紀初の成人式での各地にみる傍若無人な振舞いや「大人って何ィ」といったとぼけた質問、都市の美観を損ねて疑わぬ落書きの氾濫、老人を前にして学生・若者のシルバーシートでの狸寝入りの姿、外国旅行にみる若者の国辱的な無作法など、外国人がこれらの行為・映像をみて日本人をどう見るであろう。

これだけでも失望慨嘆するものであるが、さらにショックなデーターが追い打ちのごとく伝えられてきた。それは都立高校三年生のアンケート集計〝飲酒・朝帰り九割がＯＫ〟との見出しつき新聞報道である。

飲酒、朝帰りはＯＫ。高校生の守るべきモラルについて、東京都内の高校教諭が三年生にアンケートしたところ、九〇％前後が飲酒や朝帰り、茶髪を「許される」と答え、過半数が電車内の化粧も構わないと考えていることが分かった。

この結果は二七日から日教組が東京で開く教育研究全国集会で報告される。調査は都立校の三年生七クラス（約二六〇人）に昨年一〇月、実施。質問項目により、三一—一二七人が答えた。

許容度が最も高かったのは「アルバイト」で全員が「許される」と回答。以下「茶髪」九三％、「未成年の飲酒」八八％、「朝帰り」八七％と続き、電車内の「携帯電話」は、ＪＲなどが使用しないよう求めているが四四％が認めた。電車内の行動では「化粧」を五九％が容認、「カップルでいちゃつく」が四七％、「床に座る」も四〇％が問題ないとした。「援助交際」は二一％、「子が親を殴る」も一九％が許容したが、「映画館で鳴る携帯電話」は全員が「許されない」とした。

調査した教諭は「飲酒や朝帰りなど自分が経験したことのある行為には許容度が高いのではないか。モラル低下の背景には親の無関心もあると思う」と指摘している。

（二〇〇一年一月二六日・日本経済新聞夕刊記事）

親の無関心との指摘はよく解るが、高校三年生といえば未成年（少年）、それが飲酒・朝帰りに親を殴ることまで容認するとなれば、まさに世も末ではなかろうか。このままでは、わが国は国防問題・外交問題で国が亡ぶのではなく、将来を託す少年問題で国が亡ぶことを憂うとあえて申したい。

ただ、このように突き詰めて考えれば、いかにも悲観的な見方となるが、要するに子供を育てることが余りにもおろそかになっている風潮、親の躾け教育が大きく欠落していることが、このような歪みをもたらしているわけで、「親が子の躾けをしなければ誰がするか」の問いはもとより、裏返して言えば親を含め「信頼できる大人がいない悲劇」とも言えよう。手を下すべきであるのに手を下さぬ親権不能の責任はまことに大きいと言わねばならない。

私の書斎の最上段には高田好胤師（奈良・薬師寺管長）の著『悟りとは決心すること』がある。「刹那刹那に人は生まれかわって生きる。合掌　好胤」と直筆のサインをいただいた一冊の本である。これは青少年教育の座右の言葉として私の宝であるが、いかに荒れた非行少年もそうであり、そうであらねばと、この本を見るたびごとに常に心に銘記するものである。

さきに〝法律は家庭に入らず〟という古い西洋の法諺を掲げたが、少年法は終局的に家庭に回帰すべきであろう。少年に対する保護・懲戒の機能も、本来親権から発し、国親思想に代替されるプロセスもあるが、それは親権者・後見人の至らない点、及ばない点を補い代替するというところにあるのであって、法制もそれに沿わねばならぬとして少年法の存在があるのである。このように最も自然な回帰軌道をたどれば、少年法は本質的にいって刑法や刑事訴訟法の特別法ではなく、あくまで民法の特別法であるという考え方を考え直し、育て直す必要があるとする時期が到来しよう。

進歩的文化人・進歩的現代人・人道主義者と自認して、まさか気取って親権者である肝心の親が子を叱らない、懲戒しないという聖人のような無懲戒教育主義の理想を歩んでいるわけではなかろうが、ともすれば、人権尊重の教育の中に懲戒という観念・必要性が排除され、史的残骸としてみられ、埋没しているのではなかろうかという錯覚と挫折感・無力感に襲われる。悪事を懲らしめる、もう懲り懲りだという成長期の体験、転ばぬ先の戒めこそ、〝体験的予戒的懲治〟と拙著『少年懲戒教育史』で私なりに表現してきたのであるが、懲治・懲戒・お仕置きの教育場面・少年法制を知らずしては、真の理想とする無懲戒教育などというものは果たし得ないのであり、ましてや有効適切な矯正教育の尺度も見出せぬものと言わねばならないと考える。さればなお、〝少年よ家庭に帰れ〟〝少年法よ家庭に帰ろう〟と呼びかけ叫びたい原始的情動を抑え難い。

第一章　近代以前の幼年者への懲粛《ちょうしゅく》・勧戒・仕置

(一)　伝統的な家父長制の家庭内躾けと逸脱少年の存在

子供への懲戒・仕置・教化というものは、観念的にも機能的にも根源的には強力な家父長・親権者を中核とした家庭教育・家庭内の躾けの一環としてあり、西欧に〝法律は家庭に入らず〟といわれる法諺があるように、それを端的に言い表しているといえよう。しかし、不幸にも家庭から何等の事情で離散し逸脱した問題少年は古くから存在しており、

(イ)　野生児……神話・童話では森に捨てられた子とされ、粗暴で反抗的な手に負えぬ児
(ロ)　放浪児……神話・童話では街に捨てられた子とされ、家に居つかぬ遊惰で放浪癖のある児
(ハ)　逸脱児……神への冒涜をあえてし、風俗を乱す児
(ニ)　弧状児……遺棄され疎外された児

といった類いの少年群を分類でき、紀元前四〇〇年の頃、プラトンがその著『理想の国』で、罪を犯した子供のうち改善可能な者を「悔悟の家」Sophronisterion という教化施設に収容すべきだとの意見をのべたといわれる。それが創設されたか否かは明らかではないが、おそらく、のちの教護

院・少年院、少年監獄の類いの必要性を指し示したものであろう。今から一二〇〇年前に、スペインで、こうした子供を収容するバレンシアの「少年保護の家」があったと伝えられており、古くからすでに、このような施設があったようである。

隣国中国でも、隋唐以前から「愛幼養老之義」(1)と註釈されるように、七歳までは「悼」「矜少」と、九〇歳を越えれば「耄」として、死罪に当たる罪でも刑を加えずとされ、刑事責任能力・受罰能力がないとされてる。

隋唐律に倣《なら》ったわが国の律令体制下（奈良・平安時代）では、一〇歳以上一六歳以下の幼者を「小児」と律で表現、養老律令の戸令、これは賦役を課する上での区分であるが、二〇歳以上を「丁」、六一歳以上を「老」、六六歳以上を「耆」としており、未成年者（未丁年者）は、三歳以下を「黄」（大宝律令では緑児と記す）、一六歳以下を「少」、二〇歳以下を「中」と三つに区分している。刑罰法規である名例律第七〇条以下には「七歳以下は絶対刑事責任無能力」「八歳以上一六歳以下は限定刑事責任能力」とされている。(2)この時代は「不孝」「長幼の序に反すること」が八虐の重罪に含まれているが、聖徳太子の「一七條憲法」に「人尤《はなは》だ悪しきもの鮮《すくな》し」という認識にあり、政りごともこのような姿勢で執りおこなわれたわけである。

(二)　小童にも及ぶ中世武家法の喧嘩両成敗の法理

つぎに中世であるが、わが国では武士が政治をおこなう鎌倉・室町幕府の時代で、子供は「小児」「小童」「童部《わらべ》」と表現され、武士の社会であるだけに、文献的にも武士同士の子の喧嘩両成敗といった事例が散見される。幕府の刑典「御成敗式目」には刑事責任能力の規定を欠いているが、小童が喧嘩に加勢、他方の小童を傷つけた事例には先例がなく、法家の意見を問い、

　如レ此事、関東被二定置一候ハヌ也。式目之外法意ヲ守矣、又時儀ニヨリテ御計候者也、今日彼御返事披覧二評定砌一云々。法意二十六以下者収レ贖云々。彼刃傷童十二三歳云々。可レ被レ処二科料一。不レ可レ被レ収二其身一歟[3]

との回答（原文一部要約）をみている。一六歳以下は贖を相当とするが、一二、三歳であるから科料を以て相当と、名例律を踏まえ量刑を答申している。ただ中世でも室町末期となれば、幕府の意見状、室町家御内所案上などをみても、一五歳以下の小児の打擲刀傷も治安上物（ママ）（物騒）として成敗されるに至っている。一六歳という律の伝承的慣例の基準はここに崩れたといえよう。

また当時、一般庶民のこの遊びとして「継子立《ままこだて》」[4]というものがあり、この言葉に早くも庶民に潜む差別的な子供への眼と、〝継子扱い〟〝継子いじめ〟という、排除的な比喩が汲みとれる。

眼を西欧に転じれば、中世では法王・修道院・教会といった宗教的支配勢力が大きく、神を冒涜する行為としての宗教裁判は、魔女裁判を代表とするごとく、拷問・晒《さら》しなど名誉・人格をスポイルする罪が、男女・子供の別なく適用され、城塞・城牢・地下牢などに成人とともに混禁されてい

た。したがって、成人と分離、独自の少年対策、公教育として必要とする少年教化施設の創設ということが、社会問題としていまだ十分に表面化していなかったといえよう。

㈢　近世にみる見懲り・勘当・寄場送りの家内仕置

近世の江戸時代に入ってより、子供の呼び方は童子・幼童・童蒙・幼年者・子供などと呼ばれ、親の言うことをきかぬ子、世間の評判が悪い子、あるいは憎まれっ子は「腕白小僧」「餓鬼（大将）」「頑児」「悪童」「頑悪童蒙」「凶頑」「勘当者」「不孝之子」「不肖の子」「不行跡の子」「鬼っ子」「放蕩児」「通り者」など、さまざまに表現されている。

江戸初期において感銘を覚える事柄として、万治三年（一六六〇）、紀州藩初代藩主徳川頼宣（南竜公）の治下、熊野山中で父殺しをおこなった若者が、「平素家族を苦しめる悪い親を殺してなぜ悪い」と申し立て、罪の意識がまったくないことから直裁きをなし、「是れ教えざる罪なり、予が不徳の罪なり」と言ったといわれ、この戦国の余燼消えやらぬ時期に、ともかく為政者が「教えざる罪」(5)に気づき反省したということは注目されることであった。

ただ江戸初期は親の罪に子が縁坐され、慶安事件の丸橋忠弥の幼児などは、乳児《ちご》縄をかけられ風車を持たされて江戸市中を引廻されたうえ処刑され、下総佐倉の名主惣五郎の四児も、父の直訴の罪に縁坐して打首となるなど、親の罪に縁坐して罪のない子供までが無惨な刑に処せられるという

史実をみるのである。しかし政情ようやく安定をみてゆく明暦元年（一六五五）一〇月一三日、『江戸町中定』[6]が制定され、

一、童子の口論不及沙汰、双方之父母可加制詞之処、却而至令荷担者可為曲事

一、童子誤而殺害朋友等、不可為死罪、但十三歳以上輩者不可遁其咎事

とあるごとく、子供の喧嘩に親が出て加担することを禁じ、一三歳以上は誤まって仲間を死に至らしめても罪は遁れられないとされている。この条項は今川仮名目録や武田信玄家法がほとんど原型に近い形で適用されており、百姓町人には「曲事《くせごと》」と、武家には「越度《おちど》」と、身分により区別して表現されている点が特色である。

こうして江戸中期をすこし過ぎた寛保元年（一七四二）極の幕府刑法典「御定書百箇条」[7]七九に、拾五歳以下之者御仕置之事として、

一、子心にて無レ弁人を殺候もの　　拾五歳迄親類之預置、遠島

一、子心にて無レ弁火を附候もの　　右同断、遠島

一、盗いたし候もの　　大人の御仕置より一等軽可申付

追加寛保二年極

一、拾五歳以下之無宿者、途中、其外にて、小盗いたし候におゐては、非人手下

と定め、幼年者はいまだ十分理非を弁《わきま》えることが出来ない者とし、大人より刑の軽減がなされる対

象と法定している。事実、遠島の島割りにしても、なるべく江戸に近い大島などに指定するなどの配慮がなされている。また幼年者は将来改悛の見込み、現代でいう可塑性がある対象として、寛政四年（一七九二）御渡、火附盗賊改太田運八郎伺一件評定書前書に「但幼年ものハ、心底も可改と申を以、入墨も相成間敷哉に候間」(8)と、跡が遺る入墨も避けるべきだといった意見もみられている。(9)また親権に立つ庶民の家内仕置として座敷牢や内証勘当・委託勘当などの一時的な家庭内追放も広くおこなわれ、元禄時代の草子(10)にも、

「父母今は詮方尽、流石《さすが》名高き山下さへ、閉口せし上からは、外の評義に及まじ、扨《さて》是非もなき仕合と、おどり揚って腹立し、座敷籠に入置、さまざまのせっかん目も当られず、一門を初め親しき友どち集り、色替品替詫言すれど、さらさら以て聞入れず、終に公に訴へ元禄十三辰の秋、ありありと勘当帳にしるし、袷《あわせ》壱枚あたへ、それから直に追出す」

と記され、文芸ではあるがこのようなことであり、類似した親族預・溜預もあるが、これは公儀指定の措置である。このほか大店《だな》での奉公人仕置（店仕置）、寺子屋仕置、藩校での仕置もあり、特に幾つかの藩校では同輩に越度・不都合ある場合、「宥免役」といった平素指定の謝罪掛が総代で師範に出向き頭を下げて赦される非公式の慣習も、先輩から伝授の作法としてあったようである。

幕末においては、例えば山口藩など「思案固屋」「勘弁小屋」といった懲らしめのための幼少者の折檻小屋（懲牢舎）(11)、見懲《みご》りのため刑場叱りといった風《ふう》があったことも伝えられており、幕府も安永

元年（一七七二）一二月一四日、女子および一五歳以下の無宿でない男子幼年者で敲にあたる刑の者は、換刑処分として軽い者は三〇日、重い者は一〇〇日間の牢舎を申付けと改めている。体刑（敲・笞刑）を短期牢舎に替えたこの「過怠牢」の制は、幼年者への仕置として、人道的にも一つの改善をみたわけであるが、「過怠牢という刑に処せられた幼年者は牢で成人と雑居した」(12)と指摘されるとおり、成人からの悪風感染防止という配慮にいまひとつ欠けていた。過怠牢もさることながら、幼年者への対策として効果があったとみるのは、幕末の天保一四年（一八四三）、幕府の直轄地および大名領に石川島人足寄場の制度に倣い寄場を設置するよう奨励したことで、大坂・京都・秋田・福岡・小倉・松山（伊予三津浜）・水戸・相馬・長崎の各地に仮寄場・徒刑場が設けられている。文久元年（一八六一）にはさらに箱館に、元治元年（一八六四）には長崎にも同様のものが設けられ、備中松山藩にも懲戒場としての徒場ができている。

なかでも幕府足下の石川島人足寄場『居越帳』（幕末から収容とみられる明治二年七月二九日から明治四年二月一二日まで延べ二五一人の人足年越名籍簿）によれば、最年少は一三歳で、二一歳以下は一一四人で四五・五％と、ほぼ半数に近い者が今日でいう少年であり、二五歳以下をもって青少年の対象とするならば一七一人と、全体の七〇％弱にあたり、三〇歳以下をもって対象とするならば二〇七人で実に八二％にあたっている。和綴じの冊子を拡げれば、各葉とも綿状で辛うじて判読でき得たものにすぎず、それにしても幕末の寄場は明らかに西欧の懲治場・懲役監を併せた類似の実態にあったことが知られるのである。

㈣　西欧での懲治場・感化院・少年監獄成立事情

わが国においては、江戸の大都市化とともに無宿・無頼・遊民の流入、飢餓・災害による老人幼児を伴なう難民・窮民の流入は近世の大きな社会問題・政治問題として提起されており、享保・寛政・天保の三改革においても、この人返し策・救済事業が繰り返されている。幕政の前に大きく転がり出た大量の無宿・無頼・遊民・難民・窮民への対策、救済と治安対策は、かつての幕府開設当初の浪人対策・隠れ切支丹対策と比較して異質であり、無宿無頼の江戸流入・諸国への大量徘徊は、都市と農村にまたがり競合する悪循環の全国的な問題で、江戸開府以来の都市暴動〝天明の江戸町屋打毀し〟などはそれを象徴しよう。幕府の政治姿勢、犯罪非行観、人権感覚、仁慈の感覚を問う踏み絵でもあった。

そもそも、この無宿無頼の群像は二通りに大別でき、一つは渡世の手だてのない、逃げ場のない無罪無宿（流浪人）の群であり、一つは封建社会の動揺と不信への間隙を縫って遊泳しようとする無頼（狼藉遊怠の輩）の群である。これは本来二つに分けて、それぞれ政策的に対応すべきであって、前者は寄場創設時の運営案「人足寄場起立」でいう福祉・授産を基調とした社会政策的対応が求められ、後者はむしろ懲戒隔離・教化矯正という刑事政策・保安処分的対応が求められるものであった。よって評定所での寄場起立策定の段階では、これを一本の人足寄場制度で賄おうとするところに意見の相違と無理があり、おおかたの見方として、検束上・財政上、永続しないであろうとする見解が大勢としてあった。火附盗賊改長谷川平蔵以外、誰一人として進んでこれをやろうとする者がいなかったのである。(13)

西欧での懲治場・感化院創立事情も、わが国の人足寄場創設事情と共通したものがあり、一肌も二肌も脱ぎ、泥をかぶっても自ら犠牲を払い、手を差しのべるという慈善的・篤志的な心が動かねば、まず始動しないといえよう。法律や制度より、人間の熱意・愛情、座視できぬ正義の心が、このような施設を生み出してゆくのである。

(イ)　先駆であるが挫折をみたブライドウェル懲治場

イギリスにおいては農村部での囲込み運動・産業革命の影響から、大都市ロンドンへの浮浪者・怠惰者・売春婦・軽犯罪者の流入は著しく、その多くは青少年であり、その犯罪・非行は生活の場である貧しいスラム街に集中している。これへの対策が一五五二年のブライドウェル宮殿の払下げであり、一五五五年に労役院に改造、一五七五年に懲治場 House of Correction となっている。最初から一六人の職員が配置され、男女を収容、厳しい労働と規則もつくられ、金属加工・紡績・製粉・製パン工場を備え、賃金も与えられ、一五七六年にはエリザベス一世の命により各州に懲治場を設けるよう法律を公布している。

しかしブライドウェルは懲治場としての法制化や財政的援助を欠き、宗教団体支援の慈善事業として続いてゆくが、刑事拘禁・保安処分・教育的拘禁の区別もほとんどなく、処遇は悲惨で改善効果がなく、一八六三年廃止となる頃には政治犯・異教徒を収容する施設に変容している。宮殿の払下げ、職員の配置という英断で世界で最初にできた懲治場でありながら、今日その評価の乏しいことが惜しまれる。多くの場合の先駆の宿命ともいえよう。

(ロ)　市民参加の本格的モデル・アムステルダム懲治場

ブライドウェルが創設されて二〇年後の一五九五年、聖クラリッサ修道会の旧修道院の一部を利用・改修して創設されているが、この施設は市議会で創設を議決・採択し、市民のなかから懲治場監督が選任されるという教育委員会・公安委員会的な民主的組織的運営が当初からなされ、何より「秩序と労働への教育」という教化改善を理念として据え出発している点が画期的であった[14]。

特に侮辱的言葉や卑猥な言葉使いを厳しく叱責、煙草を取り上げ、食事のマナーを正し、不満は正規の手続で監督に提出させるなど、生活指導に重点が置かれていることも、この制度にふさわしい内容であった。その結果、アムステルダムに乞食・浮浪者・非行少年・犯罪者が大きく減少したという現象をもたらし、とりわけハンザ同盟のもとにあるリュベック（一六〇五年）、ブレーメン（一六一三年）、ハンブルグ（一六二三年）、ブランデンブルグ（一六二三年）、ガン（一六二七年、一七七五年のガン監獄設立以前の懲治場）、ダンチヒ（一六二九年）、ニュールンベルグ（一六七〇年）などの懲治場運営のモデルとされている。[15]

古くから人口過密都市としてヨーロッパ屈指の都市アムステルダムで、懲治場がこのような成果を収めた理由の一つには、オランダの黄金時代に建設された、すなわち「ユトレヒト同盟」でスペインの旧教徒派を駆逐、政治的自由を獲得した時でもあり、大航海時代の海外貿易で巨満の富を得、経済力を背景に慈善団体・市民団体の活動にも好条件であったからにもよる。

(ハ)　処遇困難少年を抱えるローマの聖ミカエル少年感化監

アムステルダムよりさらに六〇年後の一六五五年、ローマ法王イノセント一〇世により少年感化・懲治を目的として設けられているこのSan Micheleは、ローマの新監獄、ローマのカトリック少年監獄などと当時呼ばれたもので、中世の修道院・宗教裁判所牢獄の雰囲気と特色をもつ一面があった。この施設は市長管理で処遇規則は裁判官（法官）が定めている。収容少年は「裁判により送致と決まった二〇歳以下の犯罪少年」と、「最高の悪性傾向をもつ改善が不能で両親および後見人から矯正を委託された不良少年」の二種類の少年を収容、その処遇の方針は、

監門扉に「不良少年の矯正感化の為に――時に国家に有害なる少年も感化される時は国家に有為の人とならん　法王クレメンス一一世　一七〇四年」

とあり、また監房には「Parum est coercere improbos poena nisi probos efficids disciplina」[16]（規律的訓育によって不良者を改善するのでなければ、刑罰によってこれを拘禁しても益がない

と記し、監房の中央に「沈黙」Silentéumという文字が掲げられていたという。立派な石造りの設備をもつ大きな監獄で病監・精神病監・拷問室まであり、教誨師・医師が配属されている。一八世紀まで長くヨーロッパ諸国の本格的な、最も処遇困難な少年監獄のモデルとされたことが肯ける。

㈡　スペインのホスピキオ、サン・フェルナンド両感化監

双方ともマドリッド郊外にあり、ホスピキオは成人男子と少年囚約三〇〇名余混禁の、サン・フェルナンドは女子約五五〇名の懲罰者・浮浪者・乞食を収容する懲治場、実態は感化監で、一七八三年、ジョン・ハワードが視察に訪れた記録[17]からみて、作業を中心とした工場監獄といえる様相がみられ、織機が四、五〇台あり、流れ作業により羊毛を梳き紡いでいる。ひとくちに言って、ローマの聖ミカエル少年感化監とは対称的な牧歌的・開放的な雰囲気のもとにある。ただ軍の歩兵が三〇名、馬八頭より成る一ヶ月交代の看守隊が詰めている点が気になるところであるが、問題もなく温情ある処遇であったと伝えられている。当時、スペインの男子典獄は予備役陸軍大佐クラスの軍人、看守隊も予備役兵士により編成という制度となっていたのである。

㈭　ベルギーのガン監獄少年区

一七七五年、八角形の外塀に囲われた獄舎の一区画を独立の少年区(少年監獄)としたことは、少年教育の専門性・独自性・特殊性という面を刑罰において認識したという点、さらに監獄建築の進歩性という点からも評価されるものであった。女王マリア・テレサの支援、監獄改良に熱意を示し

「監獄学の鼻祖」とまで言われたヴィラン一四世伯爵の点数制累進処遇、職業訓練といった治績が、ガン監獄少年区を一層意義あるものとし、アムステルダムのツフトハウス tuchthuis（木挽小屋・男子懲治場の通称）の規則も取り入れ、少年の組織的処遇を踏襲していることも見逃せない。

(ヘ)　ドイツのラウエス・ハウスとフランスのメットレイ感化院

一八三三年のラウエス・ハウス Rauhes haus、一八三九年のメットレイ Mettray ともに、芽生えている国親思想 Parens Patriae を踏まえ、家族主義・寮舎制 Cottage System による自治的運営が試みられ、感化の実を上げようと努力がなされている。ラウエス・ハウスの推進者ウイッヘルン J. H. Wichern（一八〇八―一八九〇）は牧師・神学者で、のちジュリアス Dr. Julius の監獄改良の書『監獄学講義』に傾倒、ベルリンのモアビート少年監獄を舞台に監獄改良・免囚保護に尽力した人物としても知られる。この両施設はともに低年齢少年を主とした点が特色とされる。こうした私設の小規模農園感化院方式の試みと一部の波及は、一九世紀前半の顕著な動きでもある。

(ト)　イギリスのトットヒル・フィールズ懲治場

沿革的にはブライドウェル懲治場の成果に倣い設けられた州ならびにロンドン市ウェストミンスター教区の懲治場として発足、エリザベス貧救法に基づく市・州を含む貧民と、ウェストミンスター自由区の乞食・怠惰者への授産労作施設でもあった。Ｊ・Ｃ・ハワードの視察報告によれば、一七七四年には三八名、一七七五年には一〇九名、一七七七年には一一〇名といった収容数が伝えられている。少人数であるが人道的で熱心な典獄ジョージ・スミス（生年不祥―一七八六年死去）の運営足跡が引継がれ生かされていると、ハワードとしてはめずらしく賞讃の辞で伝えられている。[18]

その後、一九世紀中頃になり、同じ場所にガン監獄（一七七五年完成）・ペントンヴィル感化監（一八四二年完成）に似た八角型の外塀をもつ施設として新築されており、本格的な都市型懲治場・公立懲治場となっている。一八〇〇年代中頃発行の刊行物にも数多くの挿絵入りで処遇情況が記されており、教室での授業・屋内作業場での風景や、保育所の対象とみられるほどの幼い子供の姿から、トットヒルなどは模範的・代表的なロンドンの懲治場・特殊な子供学校であったことは容易に推察できるものである。

(チ)　新天地アメリカでのダイナミックなエルマイラ感化監の処遇

一九世紀の後半に入ると、アメリカでも少年犯罪に対処、一八六九年、ニューヨーク州のエルマイラ市高台に新感化監を着工、一八七六年（明治九年）、足かけ八年の歳月をかけ完成、収容を開始している。この着工にあわせるごとく、一八七〇年、不定期刑を支持する「シンシナチ宣言」が採択されており、同感化監は州民全員が後見人という決議のもと「後見人委員会」[19] board of guardians の保護監督に委ねるという体制の運営方針が打ち出されている。そこにははっきりと国親思想が明示されている。よって、その目的達成のため「少年行刑施設の別異、改善主義にもとづく累進制および仮釈放が一体となってそこにあらわれたのである」[20]との説明のとおり、最新の処遇体制を積極的に採ってゆくのであって、老練な著名典獄ブロックウェイ Zebulon Reed Brockway は、少年監獄（感化監）の理想を学校・工場・病院の三機能を総合した形で実現しようとするものであった。

このような考えのもと、施設はオーバン制（夜間独居）で運用の独房一、四四〇、教室三〇で、他に職業訓練用の実習室があり、成績評価は上・中・下の三段階のうち中間に編入し、六ヶ月単位で上下させる点数による累進制（アイルランド制）を採り、仮釈放に結びつけている。開設初期の定員は五〇〇名、不定期刑実施は一八七七年からであるが、一九〇〇年以降は一、七〇〇名、三四業種の大監獄で、正規教師のほか二六名の助教師が教科・実習に配置、星条旗を翻す軍楽隊の分列行進といった軍事教練、ラグビーや野球チームもあり、完全な学校教育方式が採られ、先進感化監として世界の注目を浴びている。(21)

(リ)　イギリスの国立感化学校ボースタル制

イギリス植民地で新天地のアメリカが独立後、犯罪少年の一部はオーストラリアのタスマニア島ポート・アーサー感化監に護送、国内ではワイト島のパーク・ハースト少年監獄に少年囚 Juvenile と呼称し集結するなどの対処がなされているが、特に高年齢少年への対策は苦渋にみちており、一八六四年パーク・ハーストの暴動を区切りにこの施設を廃止、新しい高年齢犯罪少年向け施設の運営が切実に模索されている。

このため、寄宿舎制のすぐれた学校体制にあるアメリカのエルマイラ少年感化監への関心は高く、一八九四年イギリス内務省内に設けられた監獄委員会Prison Commissionの議長ラグルス・ブライス卿Ruggles Briseを中心に、その導入が企画・検討されている。その一歩として、まずベッドフォード監獄の青年囚を特別区に分離してエルマイラ式の処遇をおこなうなどの試行がなされ、一九〇二年にはケント州ボースタル村にあるロチェスター監獄の一部を一六歳から二一歳未満を対象とする特別青年区に指定、職業訓練と累進処遇を重視した処遇を時間をかけ慎重に進めており、これが一九〇八年に至って犯罪防止法Prevention of Crime Actのなかに正式に認められ、国立感化学校「ボースタル制」として折込まれるに至るのである。

したがって、イギリスの少年感化は、年齢別にインダストリアル・スクールIndustrial School、リフォマトリー・スクールReformatory School、ボースタル制Borstal Systemの三系統に大別分岐、少年への感化体制がひとまず整ったといえよう。

第二章　近代にみる西欧の少年立法導入と変遷・改革

㈠　明治維新と明治五年監獄則並図式の請願懲治

先行する西欧のさまざまな少年感化の試みと実績は、制度としても公教育としても、すでに定着しようとする段階にあることを知るのであるが、文明開化とはいえ、開国したばかりの明治維新の新政府において、少年感化へ眼を向ける余裕も、政策・法案を予め持ち合わせているものでもなかった。取りつき仮刑律・新律綱領・改定律例を王政復古として布令しているが、いずれも一五歳以下で流罪より軽い刑は収贖を認め、一〇歳以下で殺人死罪にあたる者は上裁を要し、七歳以下は死罪にあたる場合といえども刑を加えず、もし教令する者があれば、其の教令者を罪に坐すとし、七〇歳以上あるいは廃疾の祖父母・父母あり、これを扶養する者がいない場合、養老の思想に立つ「在留養親」を認め、尊長（眼上の人・父母）が「卑幼ヲ殴《う》ツハ、折傷ニ非ルハ、論スルコト勿《なか》レ」とその正当性を認めるなど、古式蒼然たる往古の律が羅列復活されているのみであった。

したがって、戊辰の役のとき、関東・岩鼻陣屋に進駐し軍監をつとめた弱冠二七歳の大音龍太郎が、官軍の勝利となって明治元年と改元した年、新ニ岩鼻県（筆者注・現群馬県）ヲ置カレ大音厚龍（龍太郎ト称ス）ヲ治県事ニ攝《せっ》シ之レヲ管セシム、口碑ニ依レハ大音ハ社会改善ノ名下ニ於テ官権ヲ恣《ほしいまま》ニシ常ニ下吏数名ヲ率ヒ陣笠ヲ冠用シ、『ブッサケ』羽織ヲ着シ（勿論大小ヲ帯フ）騎馬ニテ管内ヲ監察シ若シ田畑ニ雑草ヲ生ヤシ耕《こう》耘《うん》ヲ怠ル者アラハ直ニ引出シ之ヲ詰《せめ》ル、言ヲ左右ニセハ天誅ヲ行フト称シテ下吏ニ命シテ立所ニ刎首《ふんしゅ》ニ処セシト云フ、殊ニ浮浪ノ徒ニ就テハ之レカ掃攘ニ力メ時ニ実子ノ放蕩ヲ誡《いまし》メラレタキ旨哀訴セシ者アリシニ、許諾シ蕩児ヲ召シテ一言聴ク処ナクシテ刎首シタルト云フ、左レハ当時、大音龍太郎ノ名ヲ聞カハ、小児モ尚ホ泣キヲ止ムル有様ナリシトカ(22)

と伝えているくだりがある。御一新という社会改善の旗印のもと、誤った理想主義の典型が、クロムウェルあるいはピューリタン革命の事例に共通するごとく、幼年者の懲戒すら、このような狼藉でもって顔を出すのであって、なおそこにも近代の倒錯した非行少年対策のあけぼのを見るのである(23)。

しかし明治四年、囚獄権正小原重哉が英国副領事ジョン・ホール J. C. Halle の案内で、東洋人を収容する英国植民地監獄・香港のビクトリア・ゼールなどを視察、西欧式の監獄法規・監獄建築（パノプチコン式十字型獄舎）を学ぶ一つの大きな機会を得たことは幸運であり、懲治場に収容する幼少年の知識も得ているのである。とりわけアムステルダム懲治場、ローマの聖ミカエル感化監の門頭に掲げる懲治場・監獄の目的は決して苦しめる所でなく教化の場所であるとの趣旨の文言は、

かつてわが国の獄則には見られぬ表現で、明治五年の監獄則並図式の緒言に、

獄トハ何ソ罪人ヲ禁鎖《きんさ》シテ之ヲ懲戒セシムル所以《ゆえん》ナリ

獄ハ人ヲ仁愛スル所以ニシテ人ヲ残虐スル者ニ非ス人ヲ懲戒スル所以ニシテ人ヲ痛苦スルニ非ス

刑ヲ用ユルハ已ヲ得サルニ出ツ国ノ為メニ害ヲ除ク所以ナリ獄司欽《つつしん》テ此意ヲ体シ罪囚ヲ遇ス可シ

と格調高く記されており、これはわが国の人足寄場などの自立更生思想と、西欧の懲治・感化・刑罰思想が、はじめて獄事条項のなかにおいて出会い、融合し、吸収されたと言えるものである。また同監獄則に、

第十條　懲治監

此監亦界区ヲ別チ他監ト往来セシメス罪囚ヲ遇スル他監ニ比スレハ稍寛《ややかん》ナルヘシ

二十歳以下懲役満期ニ至リ悪心未タ悛《あらたま》ラサル者或ハ貧窶営生《ひんかえいせい》ノ計ナク再ヒ悪意ヲ挟ムニ嫌アルモノハ獄司之ヲ懇諭《こんゆ》シテ長ク此監ニ留メテ営生ノ業《わざ》を勉励セシム二十一歳以上ト雖モ逆意殺心ヲ挟ム者ハ獄司ヨリ裁判官ニ告ケ尚此監ニ留ム

平民其子弟ノ不良ヲ憂フルモノアリ此監ニ入《い》ンヿ《こと》ヲ請フモノハ之ヲ聴《ちょう》ス

凡軽囚ヲシテ書籍ヲ習読シ工業ヲ練熟セシメ能ク艱苦《かんなん》ヲ忍ヒ改心シ以テ才芸ヲ成スモノハ抜擢《ばってき》シテ監獄ノ下吏トスルヲ聴ス

平民罪ヲ犯シ贖罪スヘキ者無力ニシテ情実贖スルヿ能ハサルモノ実決シテ懲役スル如キハ皆此監

ニ入ル

脱籍無産復籍シカタキ者本刑懲役ノ限《げん》満チシ後ハ皆此監ニ移シ罪囚ト区別シ工芸ヲ習慣セシメ独立活計ノ目途《めと》ヲ立テ然ル後本人望ミノ地へ入籍セシム工芸ニ練達スレハ他囚第一等ノ工銭法ニ従フ

といった懲治監の規定をみるのである。注目される点は、維新改革期の一プロセスとして理解できるものであるが、平民のみという身分差ある条項で請願懲治を認めるとか、懲治満期であっても二〇歳以下でなお更生していないと認められる刑余者・脱産無籍者は裁判官に告げ監獄に延長残留させ、懲治の対象とする等の規定が盛られている点である。(24) また断片的であるが、幼老に該当する役《えき》法の項に「軽鎖ヲ着ス」（第三条）との規定や、「書籍の習読」（第十条）などは、懲治は罪囚と界区を分けると規定はするものの、事実上は準用された部分とみられる。さらに建築上・運用上の配慮規定として「一房一囚の制」（興造十二条第一条規模）などは、アメリカで長年論議され試行されたペンシルバニア制（厳正独居）かオーバン制（夜間のみ独居）か、いずれにしても一房一囚を理想とする経験的原則の理解が継承されている。これは良しとするも、熟練囚（熟練工）は監獄の下吏とするなどの規定はイギリス北部アイルランド地方で古くから採られた慣習で、あまり賛成できないイングランド法の洗礼を受けた部分といえよう。

この最初の監獄則は、翌明治六年、予算上不都合につき施行中止と司法省布達第六一号により全国に達せられ、予算に差し支えない禁囚処遇および懲役法についてだけ、施行便利の地において、監獄則により任意実施然るべくとされたものである。懲治監も任意然るべく施行されたと考えられるところであるが、内閣文庫にある制度取調局蔵書『監獄経理第一年報』(明治八年七月〜明治九年六月)は、よくその実施状況を伝えているとともに、明治以降の少年に関する監獄の公式統計として最初のものである。(25)それによれば京都・鹿児島・青森の三監を除き、各府県監獄に懲治者・脱籍無産者の収容が明らかで、男のみに限っていえば、懲治者新人四七〇人、出監四〇四人、死亡六人、脱籍無産者新入二、〇六〇人、出監一、七三七人、死亡は多く六〇人とある。このほか、統計の末欄に孩児《ママ》という携帯乳児を含めた子供が懲治監のなかに便宜置かれていることをも知るのである。要するに明治五年の監獄則による懲治者は、実際問題として、このように脱籍無産の子供が対象であったのであり、これに重点が置かれたのである。今日的表現で言えば保安処分(保護処分)そのものので、西欧の懲治場創設期の対象となんら変わらぬものであると言えるものである。

(二)　不論罪と第一回改正監獄則の対象となる懲治

つづく立法作業として、明治七年の刑法改正草案『校正律例稿』に、

年十六以下ノ者犯罪ハ童蒙ヲ懲戒教導スル学舎ニ入レテ各年限ヲ定メ兵事諸業ニ付シ厳則ヲ立テ苦学セシム。此法英国ニ於テ積年試ルニ頑悪ノ童蒙終ニ過ヲ改メ善ニ復シ実効ヲ挙ク事勝《かっ》(ママ)テ数フベカラス。此法宜ク五刑閏刑外ニ設立スヘシ(26)

の案件を附箋しているが、やはりわが国に未経験な制度として採られず、アメリカのエルマイラ感化監 Elmira Reformatory が建設途上の時期であることから、英国で積年試みるといえばペントンビル Pentonville かキングスウッド Kings-Wood の感化監などを指すものとみられ、この立法は明治一三年の旧刑法不論罪規定および明治一四年の第一回改正監獄則へと移るのである。旧刑法（太政官布告第三六号）の不論罪は、

第七九条　罪ヲ犯ス時十二歳ニ満サル者ハ其罪ヲ論セス。但満十八歳以上ノ者ハ情状ニ因リ満十六歳ニ過キサル時間之ヲ懲治場ニ留置スルコトヲ得

第八〇条　罪ヲ犯ス時満十二歳以上十六歳ニ満サル者ハ其所為是非ヲ弁別シタルト否トヲ審案シ弁別ナクシテ犯シタル時ハ其罪ヲ論セス。但情状ニ因リ満二十歳ニ過キサル時間之ヲ懲治場ニ留置スルコトヲ得。若シ弁別アリテ犯シタル時ハ其罪ヲ宥恕シテ本刑ニ二等ヲ減ス

第八一条　罪ヲ犯ス時満十六歳以上二十歳ニ満サル者ハ其罪ヲ宥恕シテ本刑ニ一等ヲ減ス

第八二条　瘖唖者罪を犯シタル時ハ其罪ヲ論セス。但情状ニ因リ五年ニ過キサル時間之ヲ懲治場ニ留置スルコトヲ得

と規定され、刑法の犯罪構成要件のうえで是非弁別能力を確定するには、科学的根拠や論点をのこす観念ではあるが、一二歳という最低の年齢的区分により、不論罪が幼年者・懲治人を成人刑罰法制から分離さす一起点となるのである。この規定は堀田正忠『刑法釈義』[27]で、

フランス刑法第六六条

被告人十六歳未満ニシテ是非ノ弁別ナクシテ犯シタルモノト決シタルトキハ無罪ノ言渡ヲ為スヘシ。然レトモ情状ニ因リテ之ヲ其親属ニ預テ又ハ裁判言渡ヲ以テ定ムル年数間之ヲ教育シ之ヲ禁錮スル為メ懲治場ニ入ルヘシ。但其年数ハ犯人ノ年齢二十歳ニ満ルノ期限ニ過クヘカラス

の規定が参酌せられたことは明らかである。これに対応し、第一回の改正監獄則は第一条第六号で「懲治場ハ不論罪ニ係ル幼者及ヒ瘖唖者ヲ懲治スル所トス」と改め、懲治者を懲治人、懲治監を懲治場と改称、平民の子弟と限定した請願懲治を尊属親懲治と改め、身分を撤廃したことである。また「入場ヲ請ヒシ尊属親ヨリ懲治人ノ行状ヲ試ル為メ宅舎ニ帯往セント謂フトキハ其情状ニ由リ之ヲ許スヘシ」(第二〇条後段)という宅舎帯往の規定などは、懲治人と親権者との結びつきの当然の関係、懲治という教育目的に最も沿うものといえるものである。

(三)　尊属親懲治・別房留置の廃止と私立感化院の動向

明治一四年以降の懲治場は、

改正監獄則第五二条

尊属親ノ情願ニ由テ懲治場ニ入タル者其尊属親ヨリ衣食費ヲ自弁スル者ノ工銭ハ其全分ヲ与ヘ衣食費ヲ自弁スル𬼂能ハサル者及ヒ刑期満限ノ後頼ルヘキ所ナクシテ監署傍ノ別房ニ留置シタル

者ハ其工銭ノ内ヨリ衣食費ヲ扣除《こうじょ》シ余分ハ之ヲ与フの規定により運用されてきたのであるが、明治二二年改正監獄則により専属親懲治（請願懲治）と別房留置ともに廃止、懲治は刑法上の不論罪懲治一本に絞られながら、なお懲治場は監獄の一種として残るのである。刑法上「不論罪」「懲治」は刑の執行対象に非ずとされている限り、本来はこの時点で専門的な独立感化組織に移行させるべきであったといえよう。しかし、この段階でそれが出来得なかったことにより、西欧の国親思想に立つ、あるいはそれに立たずとも親代わりの熱心な慈善団体・救護団体・教化団体的私設感化院がその受皿として設立されてゆく傾向を強め、もう一面からは民法の親権、とりわけその教育権・懲戒権をめぐる論議が、学術的にも立法上からも検討が迫られてゆくこととなっている。

当時の私立感化院の動向であるが、最初の計画・気運は東京霊南坂教会牧師・小崎弘道による「懲矯院ヲ設ケサル可カラサルノ議」（『六号雑誌』第六号）という論文を第一声とし、明治一四年に設立委員会を開き、懲矯院を感化院と呼称することに取り決めがなされている。そのメンバーの一人で監獄局の内務一等属・坂部寔が中心に、采風新聞編集長で筆禍により三年間投獄経験があり、その間に少年感化の必要を痛感したといわれる大阪府士族・加藤九郎らがともに感化院設立申請書を警視総監と東京府知事に提出、認可を受けたのである。しかし、坂部の兵庫仮留監典獄への転出、資金等の問題で惜しくも実現をみなかったのであるが、感化院設立への気運と突破口を開いた意義は評価されるものであった。

明治一七年、池上雪枝が大阪市北区空心寺内の自宅「神道祈祷所」で大成教（禊《みそぎ》教・心学）という新興神道の権少講義をつとめ、不良少年の保護に着手したといわれているが、これは本格的・組織的な感化事業に到らぬ、特に懲治人の受け入れという流れには結びつかない小規模のものであった。したがって明治一八年に本郷湯島の祢仰院庫裡の一部を借りて発足した神道・心学の監獄教誨師・高瀬眞卿の東京予備感化院（のち神宮教院感化院・錦華学院と改称）が実際に二〇歳未満の懲治人・出獄人保護にあたっており、晩年はフランスのメットレイ感化院の処遇方式も参考にされたといわれる。実弟の小山松吉（のち司法大臣）の支援もあり、現在も続いている最も古い保護施設として大きな実績を残している。(28)

つぎに明治一九年に千葉感化院（現成田山新勝寺経営の成田学院）が石井実禅・服部元良・金山堯範らの僧侶により、明治二二年には岡山感化院（備作恵済会感化院）が監獄教誨師・千輪性海により、同じく京都感化保護院が京都府典獄・小野勝彬らにより、同じく大阪感化保護院が僧侶・森祐順らにより、明治三〇年には三重感化院（現三重県立国児学園）が警察官・山岡作蔵により、明治三二年には広島感化院が本願寺派僧侶の共同経営により、東京の巣鴨家庭学校がキリスト教教誨師・留岡幸助により創設されている。

なかでも留岡は明治二四年から三年間、北海道空知集治監のキリスト教教誨師を勤め、数多い少年囚の悲惨な炭坑労働の実態と、その七、八〇パーセントが一四歳までにすでに不良少年となっていることの身上調査の結果、成人受刑者の教誨より少年教化が急務であることを痛感、日清戦争の最中の明治二七年三月、アメリカに単身渡り、マサチューセッツ州立感化監を足場に滞在、エルマイラ感化監など多くの監獄・教護院・孤児院などを視察、明治二九年五月に帰朝している。警察監護学校教授に就任、翌明治三〇年には『不良少年感化事業』を著し、学んできた最新豊富な感化の実際と知識を関係者に伝えるとともに、感化法制定・感化院設立に向け大きな影響を与えている。特に同著第八章「感化院建設に関する方策」において、懲治場を監獄内に設ける如きは根本的誤謬とし、独自の立場で、「一路到白頭」(尊敬するエルマイラ感化監典獄ブロックウェイの座右の銘 This one thing I do ——われ此一事を務む)の信念のもと、感化院を天職とし、理想の私立感化院「家庭学校」建設・運営へと歩んでいる。[29]

いっぽう親権(教育権・懲戒権)をめぐる民法上の検討であるが、明治二一年の身分法第一草案「父若クハ母ハ家内ニ於テ其子ヲ懲戒スル権ヲ有ス、但シ過度ノ懲戒ヲ加フルヲ得ス」(人事編二四三条)といった立法の動き、一八九六年(明治二九年)八月一八日制定の獨逸民法第一六三一条、「子ノ心身ノ監護ニハ子ノ教育監督及ヒ居所指定ノ権利義務ヲ含ムモノトス。父ハ教育権ニ依リ子ニ対シ相当ノ懲戒手段ヲ用フルコトヲ得。父ノ申請ニ因リ後見裁判所ハ適当ナル懲戒手段ヲ用ヒテ父ヲ援クルコトヲ要ス」[30]

といった西欧立法事情の敏感な吸収がなされており、明治三〇年代に入ってからは、民法・小学校令などの制度と歩調が合っていることも指摘しなければならぬ時流である。

明治三一年の旧民法第八八二条には、

「親権ヲ行フ父又ハ母ハ必要ナル範囲内ニ於テ自ラ其子ヲ懲戒シ又ハ裁判所ノ許可ヲ得テ之ヲ懲戒場ニ入ルコトヲ得」

と定め、同年七月、民法全編施行となっている。この懲戒権につき梅謙次郎博士は、

「懲戒権ハ主トシテ教育権ノ結果ナリト雖モ我邦ニテハ之ヲ未成年者ニ限ラサルヲ以テ必スシモ教育権ノ結果ナリト為スコトヲ得ス」(31)

とあり、民法上の懲戒場として公立感化院が想定されているのである。

第三章　感化法制定と感化院設置事情

(一)　明治三三年感化法の法案審議経緯とその主要論点

さて、感化法案起草を求め、それを促す社会的背景として、(イ)懲治場における少年処遇の失敗、(ロ)少年のための特別施設の急要、(ハ)再犯の減少・犯罪防止の急務、(ニ)教育感化の必要、(ホ)実業的訓練の必要、(ヘ)懲治場と学校との中間的特殊教養の必要、(ト)感化教養の国家的責任、(チ)宗教的教化事業として感化施設の必要、(リ)院制と家族制との調和の必要といった要請と動きである。[32]これを現実の問題として促したのは、

(a)　検事局扱いによる不起訴処分の激増
(b)　感化院の逃走の増加
(c)　設備・予算・人材面からの篤志保護事業の限界
(d)　外国における少年立法の進展

といった諸因である。[33]本法の起草はこうした背景と現実的対応を迫られつつ、内務省参事官・窪田静太郎、内務省監獄局獄務課長・小河滋次郎らが中心となって進められている。

「感化法の起草者は窪田静太郎であるが、その制定の背後には小河がいた。（中略）彼は小河から起草の協議をうけ、イギリスのインダストリアル・スクールの精神に倣って、この精神を実現した」[34]との説明をみるが、ともかく起草の段階では、幼年法とか感化法とか法の名称にはじまり、適用が見込まれる対象者は約五、〇〇〇人との見積りや、すでに設立をみる数少ない私立感化院との接合・取り扱いを考慮しながら進められている。[35]

このようにして、同法案は明治三三年の第一四回帝国議会に提案理由書をつけ提出の運びとなっている。その理由書には、

乞丐《きつかい》、遊蕩者等犯罪ノ虞アル不良少年、懲治場ニ留置スヘキ幼者及懲戒場ニ入ルヘキ者ヲ収容シ適当ナル感化教育ヲ施ス為感化院ヲ設置セシムルノ必要アリト認ム。是本案ヲ提出スル所以ナリ

とあり、この政府提出の感化法案は附則を加え全一五条、なかでも感化院は地方長官の管理（第二条）、代用感化院を認可指定して本案を準用（第四条）、対象は八歳以上一六歳未満の者で親権者・後見人なく遊蕩又は乞丐をなし、あるいは悪交ありと認めた者、懲治場留置の言渡しを受けた幼者、裁判所の許可を経て懲治場入るべき者（第五条）、感化院長は在院者および仮退院者に対し親権をおこなう（第八条）という条項が主要論点であった。本会議上程での政府委員・小松原英太郎は、本案の趣旨説明として、

本案ハ第一ハ近来都鄙到ル処ニ不良少年ガ段々増加スル傾向デアリマス。此不良少年ヲ収容致

シマシテ適当ノ感化教育ヲ施スノ必要ガアルノデアリマス。第二ニハ現行刑法ニ依リマシテ、不論罪ノタメニ懲治処分ノ言渡ヲ受ケマシタ幼年犯罪者ハ、今日ノ所デハ普通ノ監獄ニ拘禁致シテ居ルノデアリマス。然ルニ其結果ハ却テ是等少年ヲシテ益々醜悪ニ化セシムル実況デアリマス。ソレ故ニ是等ノ者モ不良少年ト共ニ適当ナル感化教育ヲ施スコトノ出来ルヤウニスル必要ガアルノデアリマス。第三ニハ民法ニ於キマシテ、親権ノ効果ト致シマシテ浪費ノ悪習アル子弟ニ対シマシテ裁判所ノ許可ヲ得テ懲治場ニ入レルコトノ出来ル規程ニナッテ居リマスガ、実際ニ於キマシテハ未ダ所謂懲戒場ナルモノノ設備ヲ見ルニ至ラヌノデアリマス。ソレ故ニ是等ノ種類ニ属シマスル子弟ニ対シマシテモ、矢張不良少年ト同様ニ適当ナル場所ニ収容致シマシテ、感化教育ヲ加フルノ必要ガアルノデアリマス。是等ノ理由ニ依リマシテ、本案ヲ提出致ス次第デゴザイマス。

とのべている。この法案への質疑と政府委員の答弁であるが、

○望月長夫君質疑「感化院ハ第二ノ懲治場ヲ造ルト同ジ結果ニナリマセンカト思フ」

〔答弁・小河滋二郎《（ママ）》君〕「成ルヘクハ感化院ヲシテ感化院ト云フヤウナ看板ヲ大キク掛ケテ、官立的ノモノニ成ルヘクシナイヤウナ方法ヲ立テマシテ、成ルヘクハ感化ノ効ヲ収メルニハ、内部ヲ家庭ノ組織ニ致シタイ考デアリマス。（中略）懲治場入リトカ云フヤウナ司法処分ノ結果デ這入リマシタヤウナ者ハ、地方ニ設ケタ感化院ニ入レテ、サウシテ不良少年ニシテ犯罪ノ証跡ノナキ者ハ、成ルヘク代用感化院ト云フ風ノ家庭ニ入レテ一ツノ場所デ両方ヲ混淆シナイ考ヘ

デアリマス（下略）」
○高須賀穣君質疑「感化院之ヲ内務省ニ属スルコトニナレバ、或ハ世間デハ小供ノ監獄署ガ出来タト云フ考デ、感化院ノ効ガナクナルコトト憂フルノデアリマス。ソレ故ニ私ハソレハ内務省ニ属スルヨリハ、文部省ニ入レテ一《ひとつ》ノ学校デアルト云フ考ヲ抱カシメタイト考ヘル。併ナガラ之ヲ文部省ニ入レズシテ、内務省ニ所轄シナケレバナラヌト云フ理由ハ、ドウ云フ点ニアルカ」
〔答弁・小河滋二郎君〕「感化事業ハ教育ノ一部デアリマスカラ或ハ文部省ニ属シテモ宜カラウト云フ議論ハアルノデゴザイマス。併ナガラ此性質ガ御承知ノ通リニ、犯罪ト云フコトニモ直接ノ関係ヲ有ッテ居リマスルシ、一般ノ救貧事業ニモ関係ヲ有ッテ居リマス。又第三項ノ裁判所ノ許可ヲ得テ云々ト云フコトモ、司法行政ニ関スルコトデアッテ、是等ノ性質カラ見マスルト、文部省ヨリハ内務省ノ方ガ一般行政ノ上カラ縁ノ近イモノト思ヒマス。殊ニ外国ナド各国ニ就イテ調ベテモ、感化事業ハ教育ヲ専ラトシテ居ルニモ拘ラズ、総テ内務行政ノ所管ニナッテ居ル例ニナッテ居リマス。政府ノ考モ今日マデノ所デハ感化院ヲ立ッテ、其所管ハ内務省デ扱フ計画ニナッテ居リマス(36)」
○望月長夫君質疑「感化院長ニ収容許否ノ権限ヲ与ヘズ収容ヲ義務ズケルノデハ感化ノ目的ガ達シ得ナイノデハ（要約）」

〔答弁・小河滋二郎君〕「（前略）殊ニ又斯ウ云フ悪少年ハ、チョット見マスレバ総テ感化ノ到底ムズカシイト云フ種類ノ者ガ沢山アラウト思ヒマスケレドモ、サウ云フ種類ノ者コソ十分ノ干渉ヲシテ世話スレバ、改善スル目的ノアルモノデゴザイマスカラ、院長ニ之ハ望ミガアルトカ望ミガナイトカ云フヤウナ権ヲ与ヘマスコトハ、殆ド大勢ノ者ガ感化院ニ這入ラヌト云フ結果ヲ見ヤウト思ヒマス。ソレハ強制シテデモ是非入レテ、相当ノ感化ヲサセルコトノ必要ガアルト認メテ居リマス」

衆議院につづいて貴族院特別委員会での質疑は検束と収容手続が主な論点であった。

○中島永元君質疑「在院者ニ対シ必要ナル検束ヲ加フルトアリマス。是ハドウ云フコトヲシテ検束ヲ加フルノデアリマスカ」

〔答弁・小河滋二郎君〕「此検束ヲ加ヘルト云フノハ矢張リ親権ノ作用ノ懲戒ニ過ギナイノデアリマス。唯懲戒ノ手段ト致シマシテハ或ハ禁足ヲ命ズルトカ若クハ場合ニ依リマシテハ多少食物ヲ減ズルトカ云フヤウナ取締ヲ致ス考デアルノデアリマス。大体検束ト申シマスモノハ民法ナドニ申シテ居ル親ノ懲戒権ノ範囲ニ止マル積リデアリマスガ、其懲戒ノ手段トシテハ或ハ禁足ヲスルトカ若クハ必要ニ応ジマシテハ一食或ハ二食ヲ減食ヲ致シマス。又ハ一室ニ閉禁ヲスルトカ云フヤウナ懲戒手段ヲ加ヘル考デアル。是ガ若シ此規定ガゴザイマセヌト不法監禁デアルト云フヤウナ疑ヲ来スモノデゴザリマスカラ、明ニ此明文ヲ掲ゲタ方ガ明瞭ニナッテ宜カラウト云フ考デ検束ト云フ字ヲ加ヘマシタノデアリマス」

○高木兼寛君質疑『行政庁ハ第五条第一号ニ該当スヘキ者アリト認メタルトキハ之ヲ地方長官ニ具申シヘシ此ノ場合ニ於テハ仮ニ之ヲ留置スルコトヲ得』トアリマスガ、是ハ該当スルト云フコトヲ鑑定スル人ハ何人ガスルコトニナリマスカ」

〔答弁・小河滋二郎君〕「此行政庁ト云ヒマスルノハ多クハ警察官トカ市町村吏デゴザイマシテ、其警察官吏及市町村吏ガ第一号ニ該当スヘキ不良少年ト認メタ場合ニハ先ヅ一面ニハ必要ガアレバ其者ヲ留メテ置ク、サウシテ一面ニハ地方長官ニ其事情ヲ具申シテ果シテ之ニ該当シテ感化院ニ入ルベキモノデアルヤ否ヤト云フコトヲ裁決シテ貰フト云フ積リデアリマス」

この検束については感化院運用上の院長権限として、きわめて重要な問題であるが、当時、全国的に不良少年による〝放火魔事件〟が流行のごとく続発しており、急速な都市化・大都市化等のなかにあって、未成年労働者（職工・丁稚小僧）・遊蕩不良少年・学業嫌悪少年・浮浪児にみる粗暴少年・犯罪少年の激増化現象から、立法審議上の異論も、これ以上の追及質疑もなく通過している。最後の地方長官（知事）が感化院に入院させる法的決定権発動について、その諮問に答える科学的鑑定機関がなかったことも確かで、不備で残された問題であった。

(二)　感化法制定と府県立感化院設立上の諸制約

明治三三年三月九日、感化法はつぎのごとく公布せられた。

感化法（法律第三七号）

第一条　北海道及府県ニハ感化院ヲ設置スヘシ
第二条　感化院ハ地方長官之ヲ管理ス
第三条　感化院ニ関スル経費ハ北海道及沖縄県ヲ除クノ外府県ノ負担トス
第四条　北海道及府県ニ於テハ其区域内ニ団体又ハ私人ニ属スル感化事業ノ設備アルトキハ内務大臣ノ認可ヲ経テ之ヲ感化院ニ代用スルコトヲ得
代用感化院ニ関シテハ本法ノ規定ヲ準用ス
第五条　感化院ニハ左ノ各号ノ一ニ該当スル者ヲ入院セシム
一　地方長官ニ於テ満八歳以上十六歳未満ノ者之ニ対スル適当ノ親権ヲ行フ者若ハ適当ノ後見人ナクシテ遊蕩又ハ乞丐ヲ為シ若ハ悪交アリト認メタル者
二　懲治場留置ノ言渡ヲ受ケタル幼者
三　裁判所ノ許可ヲ経テ懲戒場ニ入ルヘキ者
第六条　入院者ノ在院期間ハ満二十歳ヲ超ユルコトヲ得ス　但シ第五条第三号ニ該当スル者ハ此ノ限ニ在ラス
第七条　地方長官ハ何時ニテモ条件ヲ指定シテ在院者ヲ仮ニ退院セシムルコトヲ得　仮退院者ニ

シテ指定ノ条件ニ違背シタルトキハ地方長官ハ之ヲ復院セシムルコトヲ得
第八条　感化院長ハ在院者及仮退院者ニ対シ親権ヲ行フ
在院者ノ父母又ハ後見人ハ在院者及仮退院者ニ対シ親権又ハ後見ヲ行フコトヲ得ス
第五条第二号第三号ニ該当スル者ノ財産ノ管理ニ関シテハ前二項ノ規定ヲ適用セス
第九条　感化院長ハ命令ノ定ムル所ニ依リ在院者ニ対シ必要ナル検束ヲ加フルコトヲ得
第十条　行政庁ハ第五条第一号ニ該当スヘキ者アリト認メタルトキハ之ヲ地方長官ニ具申スヘシ
　此ノ場合ニ於テハ仮ニ之ヲ留置スルコトヲ得
前項留置ノ期間ハ五日ヲ超ユルコトヲ得ス
第十一条　地方長官ハ在院者ノ扶養義務者ヨリ在院費ノ全部又ハ一部ヲ徴収スルコトヲ得
前項ノ費用ヲ指定ノ期間内ニ納付セサル者アルトキハ国税徴収法ノ例ニ依リ処分スルコトヲ得
第十二条　在院者ノ親族又ハ後見人ハ在院者ノ退院ヲ地方長官ニ出願スルコトヲ得
前項出願ノ許可ヲ得サル在院者ニ関シテハ六箇月ヲ経過スルニ非サレハ退院ヲ出願スルコトヲ得ス
第十三条　第五条第一号又ハ第十一条第二項ノ処分ニ不服アル者又ハ第十二条第一項ノ出願ヲ許可セラレサル者ハ訴願ヲ提起スルコトヲ得

附　則

第十四条　本法施行ノ期日ハ府県会ノ決議ヲ経地方長官ノ具申ニ依リ内務大臣之ヲ定ム
第十五条　北海道沖縄県ニ関シテハ勅令ヲ以テ別段ノ規定ヲ設クルコトヲ得

感化法はこのようにして成立しているが、少年法制の歩みのなかで位置づけられる法的特色としていえることは、(イ)府県感化院の設立を強制する法律として、地方長官に管理権・監督権・入院決定権を与えたこと、(ロ)感化院長が在院者・仮退院者に対し親権をもち、この間、親権を停止させ、検束・減食などの強い懲戒権を付与されるという民法の特別法という強い権限をもたせたこと、(ハ)訴願による不服申立をも認めているといったことである。

この考えは、基本的には国家が親代わりとなる「国親思想」パレンス・パトリエ Parens Patrias に立つ制度の導入であり[37]、民法上での規定をもちながら、独立の公立懲戒場の設備を欠いた法制の不備をようやく埋める「不良少年の再犯予防」という感化教育機関の新たな誕生となったわけである。いわば感化院の誕生は慈善的・福祉的な民間感化院事業から、不良少年の犯罪防止を目的とした国家の刑事政策的機能を荷なう司法行政の分野へと、さらに一歩踏み出されてゆくこととなる。

ただ法律上の目的と行政上の視野はこのような拡がりをもつものの、これを大きく飛躍発展させるにはいくつかの厳しい制約が存在した。

その第一は、感化法公布直後わずか一ヶ月の同年七月、監獄事務とその監督権はすべて内務大臣から司法大臣へ引き継がれたことである。すなわち感化法は扱いを内務省地方局府県課に残したまま、当然関係者も一変して移管、これを起点に法制上も監獄則と感化法は絶縁分離する形になったわけである。[38] よって「監獄の軒先を借りた懲治場」から「感化院といわれる事実上の子供監獄」へ、そうして誕生と同時に「監獄の落とし子」「産み捨て同然の感化法」といった、誰の眼からみても制度の皮肉な改編がなされ、立法者の苦心も狙いも、一般社会への理解も不充分なまま見切り発車したことである。

その第二は、感化法に対する無理解と府県の財政事情である。財源の乏しい多くの府県では感化院新設には反対意見が強く、不良少年のための感化院設立は〝泥棒に追い銭〟と理解され、〝不良少年はいわゆる泥棒の卵なり、末はどうせ掏摸《すり》になるか泥棒になる輩なり〟といわれ、設立後ですら「感化院は不生産的装飾物なり」と、兵庫県ひとつを例にとっても土山学園ら熱心な施設の予算を年々減じている始末である。それと感化法成立と同年の明治三三年一月、府県監獄費全額国庫負担となった影響も大きく、これまで懲治場を含む監獄費支出分を学校教育費に振り向けようとする動きが顕著であった。

その第三は、宗教色が強く慈善事業・福祉事業的感覚でもって独自運営されてきた私立感化院の多くは、代用感化院への準用に戸惑いと拒否反応のみられる所もあり、府県立という公立感化院が無宗教という方針にあることから、これを拒む留岡幸助の家庭学校などもその一つであった。

このような事由から、感化法により設立された府県感化院は東京・大阪・神奈川・埼玉・秋田の二府三県のみで、刑法にある不論罪懲治人が依然として各府県監獄の懲治場で執行せられていたことからも、ことさら府県費を割いて感化院を設ける必要がないという意見が支配的であったからである。このため、より府県感化院の設立・運営をスムーズに促すため、翌明治三四年八月「感化法施行細則」（内務省令第二三号）でもって、

一、感化院ノ名称ハ入院者ヲシテ不快ノ念ヲ起サシメズ、世人ヲシテ感化ノ実相ヲ了知セシメ得ル名称ヲ可トス。

二、感化院ハ静謐ノ地ニ設ケ、道徳上嫌忌スヘキ場所、感化ニ妨ゲアル場所ヲ避ケル。

五、一感院ニ入院セシムベキ員数ハ濫《みだ》リニ多数ヲ収容セシメザルコト。

八、体罰ヲ施ス場合ハ最モ重大ナル悪行アルニ非ザレバコレヲ科セザルコトヲ可トス。

との行政指導をなしている。これにより感化院の名称は薫育院（明治三五年・神奈川県）、埼玉学園（明治三九年・埼玉県）、陶育院（明治三七年・秋田県）、東京市養育院感化部井之頭学校（明治三九年・東京府）、修徳館（明治四一年・大阪府）、土山学園（明治四二年・兵庫県）といった工夫ある名称のもと、懲治場と異なる普通教育にみる学校らしいイメージと内容が盛られている。このなかで大塚辻町にある東京市養育院感化部は、感化法成立と同時に三好退蔵・渋沢栄一らの努力により代用感化院認可の第一号となっている。やがて感化部は井之頭に移り井之頭学校として運営がなされ、フラ

ンスのメットレイ感化院の処遇にならい教科指導の苦労を重ねているが、この東京府代用感化院東京市養育院井之頭学校は、明治三三年七月から同四一年一〇月一日までに二四五名を収容、うち逃走一〇四名（四二パーセント）、神奈川県立薫育院でも、同三五年一二月一〇日から同四一年一〇月一日までに五〇名を収容、うち逃走一四名（二八パーセント）という記録[39]があり、設置当初の十年余は、その統計的数字にみる成果は、肝心の教育対象がいなくなる事態の連続で、むなしく無力であったといえよう。

(三)　残された懲治の課題と特設幼年監の教育体制統一

感化法制定は散発的ではあるが懲治人該当者を感化院へと肩代わりさせているが、監獄内に刑法での不論罪懲治人は依然としてあるという変則体制は解消されぬまま残っており、逆にこれは、監獄の内務省から司法省への移管を機に、司法省に属することとなった監獄内の府県個々であった懲治人の処遇を統一する機会ともなり結果ともなったわけで、さらに監獄内にいるもう一つの幼年者（未成年者）で刑事処分を受け服役中の懲役幼年囚にも眼が向けられる機会となり、これらの対象に感化院に近い教育方式に改めてゆこうとする動向が生まれている。司法省ではこの過渡期の変則的対策として、懲治場の他に取り扱いが区分されていた懲役受刑の幼年囚を収容してきた幼年監（未丁年監）と懲治場を併せ、幼年の特設監（単一の集禁場）とする構想に立ち、明治三五年七月、浦和監獄川越分監をこれに充てることと決定している。同年一二月二二日、東京一円の八歳以上一六歳未満の男幼年囚・懲治人（瘖唖者・女子を除く）の収容を開始、わが国最初の独立幼年監の嚆矢となるものである。

川越分監の処遇は監獄局長心得・小河滋次郎の後楯てと指導のもと、浦和監獄典獄・早崎春香、分監長・早川直享らがあたっている。その主なモデルは小河滋次郎や留岡幸助らが見聞してきた北米ニューヨーク州のエルマイラ感化監やマサチューセッツ州のコンコード感化監の処遇に倣うもので、分監門標には「川越児童保護学校」「川越実業補修学校」と、のちには「川越農工芸学校」と掲げている。

早崎はまず分監職員の佩剣《はいけん》を廃止、家庭的な家族舎制を採り、鼡《ねずみ》色洋服を着用させ、兵式訓練・実業教育（当時としてはめずらしい西洋洗濯業《クリーニング》・指物・桶業・農業の四科、のち印刷・靴工が追加）のほか、唱歌・体操・水泳・遊戯（コロチン、カレドニアダンス）・遠足などがおこなわれている。(40) 感化院方式に導かれた特設監の教育は、川越分監につづき、

明治三六年　七尾分監・唐津分監・熊谷分監・沼津分監

明治三八年　長岡分監・福島監獄中村分監（高知監獄中村分監ではない）

明治三九年　洲本分監・小田原分監・金澤監獄

明治四〇年以降は広島監獄岩国分監（明治四二年再び山口監獄に移監）が、岡山・広島・山口・松

山の各監獄より男幼年囚及懲治人を収容

というごとく、懲治人・幼年囚を特定の主として分監に集禁して特別の教育的処遇をなそうとする努力がなされており、例えば七尾では農業、福島の中村では低格者（やや知能の低い者）教科と心状（ママ）調査、洲本では廃艦を利用した海洋訓練、小田原では漁労と兵式体操などが特別の教育としてなされている[41]。このほか特設監ではないが、仙台監獄では懲治人への幼年感化の歌が数え歌風につくられたり、明治三七年から四一年にかけて京都監獄では幼年囚・未丁年囚・懲治人の就学成績表を各家庭の保護者に通知するとか、春秋二回、父兄会を開き懲治人教育に配慮するなどの教育がみられている[42]。

第四章　新刑法・監獄法成立と将来に向けた少年の特別法模索

(一)　新刑法・監獄法公布と懲治人への暫定的経過措置

明治四〇年四月二四日改正刑法（新刑法）の公布（法律第四五号）、明治四一年三月二八日監獄法の公布（法律第二八号）、改正刑法・監獄法とも明治四一年一〇月一日より同時施行となっているが、これにより懲治場は廃され、懲治人に関する規定は除かれている。改正刑法は少年の刑事責任を一四歳に引き上げており、一四歳未満は罰せずと、将来特別法の制定を条件として懲治場留置者の宥恕軽減の諸規定をも廃止している。このため、この特別法制定に至る臨機の処置として、刑法施行法第一六条で「懲治場留置ノ執行ハ刑法施行後ト雖モ従前ノ例ニ従フ、但司法大臣ハ何時ニテモ其留置ヲ解キ又ハ感化院ニ入院セシムルコトヲ得」と、また監獄法の附則として、「監獄則ハ之ヲ廃止ス但懲治人ニ関スル規定ハ当分ノ内仍《な》ホ其効力ヲ有ス」という、いずれも暫定的な経過の措置をなし、明治四一年九月司法省民刑第一六〇号訓令により、一四歳未満の者を極力感化院に入れるよう検事に行政指導をおこなっている。

懲治場はこのようにして廃止され、司法省で抱える唯一の少年施設「幼年監」にも極力収監しないよう起訴猶予が励行せられたのであるが、その結果は予測に反し、当時の言葉でいう不良少年の野放し急増、累犯少年の増加により社会問題をもたらす結果となっている。このため刑法から懲治を除いた代替として、少年に対する特別立法（少年法をさす）を急ぐ気運が高まってゆくのである。

㈡　新刑法・監獄法成立に関連し感化法中改正案の審議結果

改正刑法を施行する必要上、感化法の改正案が出ることも当然といえることで、内務省は明治四一年二月二〇日、第二四回帝国議会衆議院につぎのごとく提出している。

感化法中改正法律案

感化法中左ノ通改正ス

第三条　感化院ニ関する経費は北海道地方費及府県の負担トス

第五条　感化院には左ノ各号の一に該当する者を入院セシム

一　満八歳未満ノ者ニシテ不良行為ヲ為シ又ハ不良行為ヲ為スノ虞アリ且適当ニ親権ヲ行フモノナク地方長官ニ於テ入院ヲ必要ト認メタル者

二　十八歳未満ノ者ニシテ親権者又ハ後見人ヨリ入院ヲ出願シ地方長官ニ於テ其ノ必要ヲ認メタル者

三　裁判所ノ許可ヲ経テ懲戒場ニ入ルヘキ者

第十一条ノ二　国庫ハ道府県ノ支出ニ対シ勅令ノ定ムル所ニ従ヒ六分ノ一乃至二分ノ一ヲ補助ス

第十三ノ二　府県ハ共同シテ感化院ヲ設置スルコトヲ得

前項感化院ノ管理及費用分担ノ方法ハ関係地方長官ノ協議ニ依リ之ヲ定ム　若シ協議調《ととの》ハサルトキハ内務大臣之ヲ定ム

第十三条ノ三　第五条ニ該当スル者ニシテ別ニ命令ヲ以テ定メタル者ハ之ヲ国立感化院ニ入院セシムルコトヲ得

第六条乃至第九条、第十一条、第十二条及第十三条ノ規定ハ国立感化院ニ之ヲ準用ス

この審議には政府委員として内務省地方局長・床次竹二郎、内務省参事官・井上友一が出席、政府委員・床次竹二郎は本案の概要につき、つぎのごとく説明をおこなっている。

感化院《ママ》法ガ制定ニナリマシテカラ今日マデ府県デ設立ニナッタノハ、東京、大阪、神奈川、埼玉、秋田県、今此二府三県ダケデゴザイマス。マダ他ノ地方ニハ普及シマセヌノデス。然ルニ不良少年ノ数ハ全国デ見渡シマスレバ、ナカナカ少ナクナイノデアリマス。ノミナラズ今度ノ改正刑法ニ依リマスルト十四歳未満ノ者ハ懲治場ニ留置サセル制度ガ止マリマシタタメニ自然サウ云フ少年モ之ヲ感化院ニ収容シナケレバナラヌヤウニナリマシタ。因テ是マデ此感化院ノ設立ト云フモノハ全ク府県ノ負担ニ任セテアッタノデアリマスケレドモ、現在ノ状況ハ今申上ゲルヤウナ有様デアルノデ、将来幾分国庫ニ於テモ其費用ヲ負担スルコトニ致シマシタナラバ、尚感化院

ノ設立ヲ早メルコトガ出来ヤウト思ヒマス。且ツ又或種類ノ少年ハ国立感化院ヲモ設立シテソレニ収容スルコトガ出来ルヤウニスル考ガ、感化ノ目的ヲ達スル上ニ於テ宜カラウト考ヘルノデアリマス。

この改正法案の質疑については、国立感化院の収容対象と一六歳を一八歳に引き上げた理由の部分のみ掲げれば、つぎのような答弁がなされている(43)。

○片山正中君質疑「国立感化院ヲ起サレルニハ少シク此文面ダケデハ分リマセヌガ、是ハドウ云フ方法カラ起サレルト云フコトニナルノデアリマスカ」

〔答弁・床次竹二郎君〕「国立感化院ノ方ハ先程申上ゲマシタ如ク府県デ収容シテ居リマシテモ極ク質ノ悪イ小供デアリマスレバ、ソレヲ一ツニ他ノ小供ト置クト云フコトハ全体ノ教育上宜シクナイト云フヤウナモノモアラウト思ヒマス（下略）」

○花井卓蔵君質疑「十八歳未満ト云フコトニナツタノハドウ云フ理デアリマスカ」

〔答弁・床次竹二郎君〕「是マデ十六歳トゴザイマシタノヲ、今度ハ十八歳ト致シマシタノハ感化ノ効力ノアリマスノハ、二十歳マデノトコロハ十分其感化シ得ルト云フ考ナノデゴザイマス。サウ致シマシテ感化院ニ在ル間ハ少ナクトモ二年ナケレバ十分ニ教育ガ出来ナイ、斯ウ云フトコロカラ十八歳未満ト致シマシタ」

(三)　司法省の感化院方式による進歩的特設監教育への修正指導

刑法改正にともなう感化法の一部改正作業は法案どおり可決成立しているが、国立感化院については質疑の段階で、単に将来を見越しての規定は不当ではないかとの意見もあり、事実、法律は成立しても財政上の理由から予算がつかず、国立感化院は実現することなく問題を残している。その実現は八年後の大正六年の第三九回帝国議会でようやく追加予算として承認され、同年八月一八日、国立感化院令の公布となり設置が本決まりとなるのである。

また、もう一つ修正・解決が求められている問題は、司法省内部での感化院方式に倣う先述の特設幼年監の急進的教育への批判が、その熱心さに反比例して高まっている問題であった。なかでも最も進歩的な教育で世間を驚かせている川越分監を見学した神戸監獄典獄・坪井直彦は、「かかる女学生徒の遊戯を男性、しかも不良少年の感化教育に施して恬然《てんぜん》たるは諒解に苦しむのであった」と皮肉をもって所感を述べている。

はたして予期されるごとく、この問題は監獄法施行直前である明治四一年六月、第一三全国典獄会同の席上、時の監獄局長・小山温が「監獄官吏が幼年監獄を感化院とし、或は学校と為したりとすれば、監獄官吏が国家の法制を自己の説に従わしめたのである」と指摘、幼年監の急進的教育につき抑制の訓示をおこなうことにより修正され、より進歩的な規定を望み、特設幼年監の教育を試行してきた監獄法の起草者・監獄法制の近代的体系化へ尽力してきた小河滋次郎博士や、特設監の教育に努力した浦和監獄典獄の早崎春香らが追われるごとく退官してゆくのである。まさに、よりよき少年法制への思いを込めた信念と努力、考え方の激突は、真摯な人間ドラマの展開としてもみるのである。

第五章　少年法制をめぐる行政権主義・裁判権主義の対立論争

㈠　先行する西欧感化院・感化監の処遇知識と学理

さて、明治四一年の改正刑法・監獄法施行から大正一一年に少年法が制定されるまでの一四年間は、宙に浮いた少年特別立法への空白期となっている。ただしかし、これまでＪ・Ｃ・ベリー氏の明治九年の『獄舎報告書』にみる少年の分離・教化といった示唆、[44] 小野田元熙の明治一三年提出の欧米警察監獄制度の報告『仏国巴里府獄舎問答録』『白耳義《ベルギー》獄舎答弁録』の少年獄の項、明治二二年に来日したドイツの新進気鋭の監獄学者フォン・ゼーバッハが小河滋次郎に伝える少年囚の取り扱い事情や、明治二六年に内示の『獄務概則』などを通じた少年囚についての教化知識などの蓄積、あるいは留岡幸助が明治二七年米国留学前に『ジョン・ハワード伝』を借覧して読み、横浜出航の日には神学博士Ｅ・Ｃ・ワインズの名著『文明諸国の監獄及び児童救済施設の現況』The State of Prison and Child Saving Institutions in the Civilzed World と『聖書』のみ、他に何一つもっていなかったといわれるエピソードがあり、[45] 理想とする少年法制の模索がつづいている。

明治三二年にはアメリカのシカゴ市で少年裁判所 Juvenile Court の創設が伝えられ、明治三三年にはエレン・ケイの『児童の世紀』が著されるなど、国際的に子供の問題に眼が向けられているときでもある。明治三六年小河滋次郎は博士論文『未成年者ニ対スル刑事制度ノ改良ニ就テ』[46]（二〇章一七款菊版六一三頁の大著）を著わしているが、これは犯罪現象論・世界の感化制度の沿革から説き起こし、未成年者の審理手続から感化教育施行の方法、感化院管理の方法におよぶ克明なもので、孤状児の家族的感化・院的感化の論考に至る系統的学理を構築、保護主義に立つ感化教育の内容を示し、わが国の少年法制を整えるうえに基礎的資料を提供するものであった。

それに、小河滋次郎のこの論文は、イギリスの法曹学院 Inns of Court・ベルリン大学に留学、法史学・比較法学・民法・刑法・監獄学等々あらゆる法分野に学殖深い当時最高の学者の一人、東京帝国大学教授・穂積陳重博士との出会いに恵まれたことであり、その手ほどきと監獄学開眼から発し少年法制に至る営々とした研鑽の成果であった。

(二)　行政権主義・裁判権主義の対立論争

ところで明治初年より西欧立法事情の敏感な吸収は、学校教育での懲戒の動向でもみられ、明治一二年に早くも教育令第四八条で「凡学校ニ於テハ生徒ニ体罰殴《う》チ或ハ縛《ばく》スルノ類ヲ加フヘカラス」と規定しており、これは特記すべきことであるが、民法の起草においても西欧民法の影響がみられている。

明治二一年の身分法第一次草案でも「父若クハ母ハ家内ニ於テ其子ヲ懲戒スルノ権ヲ有ス　但シ過

度ノ懲戒ヲ加フルヲ得ス」（人事編二四三条）と、フランス法制の影響を受けているが、今度は明治二九年（一八九六）制定のドイツ民法第一六三一条の後見裁判所の機能として、家庭又は学校は子供を感化院に送致することができるという規定の影響を受け旧民法第八八二条の懲戒場規定を生むのであって、民法・教育令などの動向と感化法など少年法制との歩調が合ってきた時流をわずかながらも感知するのである。

明治四一年の帝国議会での感化法中改正法律案の審議において、行政権主義か裁判権主義かの対立論争が早くも開始されているが、それは前年の明治四〇年、穂積陳重博士の「米国における子供裁判所[47]」の紹介を起点とする。その議会速記録の一部をみれば、つぎのような厳しい論調のもと質疑が交わされている。

○花井卓蔵君質疑「ソレカラ根本問題デスガ、十四歳未満ノ幼者デ、刑法ノ不論罪ニ属スル者ニ付テハ、事実ノ裁判権ヲ行政権ガ行フト云フ事柄ニナルト云フコトヲ御認メデセウカ」

〔答弁・床次竹二郎君〕「ソレハサウ云フ風ニ自然成リマスノデゴザイマセウ。詰《つま》リ地方長官ガ是ハ感化院ニ入レルベキモノデアル、入レベカラザル者デアルト認定スルノデスカラ、是マデ裁判所ガヤッタ事ハ地方長官ニ移ツタモノトナリマス」

○花井卓蔵君質疑「不良少年ノ刑事事件ノ裁判ト云フモノハ、最モ有識ニシテ且経験ノアル裁判官ヲ以テシテモ、事実ノ断定、刑ノ量定ナドト云フモノハ誤リ易ク且困難デアルト云フ事ヲ実際聞イテ居リマスガ、ソレヲ全ク法律的裁判的ノ素養智識ノ無キ行政官ニ委ネラレテ、完全ナル働キガ出来ルト云フ御考デアリマスカ」
〔答弁・床次竹二郎君〕「差支ナク出来ル積リデアリマス。固《もと》ヨリ併《しかし》ナガラソコハ先程ノ御言葉ニ幾ラカ私ハ御答シタノニ、或ハ引ツ掛リガアルカモ知リマセヌケレドモ、一一《イチイチ》其地方長官ノ方ニ於テハ裁判所デ罪ヲ決定スルガ如キ方法ニ拠ル必要ハ無イト思ヒマス。且此少年ハ此儘ニシテ置イテハ、他日社会ニ害ヲナスデアラウト云フ認定ガ付キマスレバ、成ルベク収容シテ教育スルト云フコトデアリマスカラ、必ズシモ罪ノ有ルトカ無イトカ云フヤウナ風ノ眼光カラ、之ヲ観ル必要ハ無イト思ヒマス」
○花井卓蔵君質疑「罪ト云フ方カラ見ナイト云フ主義デアリマスカ」
〔答弁・床次竹二郎君〕「罪ト云フ側カラ見マセヌ。不良行為デ、ソレヲ其儘ニシテ畢竟《ひっきょう》当人ノダメニ成ラヌ。依テ感化院ニ収容シテ教育シタ方ガ宜イカドウカト云フ、サウ云フ側カラ見テ往ケバ宜イト考ヘマス」
○花井卓蔵君質疑「サウジヤナイノデ、新刑法デ懲治処分ノ規定ヲ削ツタト云フノハ、行為ハ罪トナルケレドモ罰ハ付セヌト云フ主旨デアル、十四歳未満ノ幼者ノ行為ハ是ハ犯罪デアルケレドモ、罰セヌノデアル、斯《こ》ウ云フ規定デアリマス。併ナガラ其儘ニ放ス訳ニハ往カナイカラ他ノ制裁方法トシテハ強制的保護教育ノ主義デ以テ、ソレハ感化院ニ入レルノデアル。刑法施行法ハ現在収容ノ不良少年ノ懲治処分ヲ受ケテ居ル者ニ付テハ、止ムヲ得ズ準備ガ出来ヌカラ、従来ノ例ニ従フノデアルケレドモ、法律ノ希望スルトコロハ成ルベク感化院ニ送リタイノデアルト云フ趣旨ニ於テ、刑法施行法ノ立案モ出来テ居ル。サウシテ見ルト罪ト云フ観念ハ初メカラ見テ居ルケレドモ、唯罰ト云フ観念ハ見テ居ラヌ。刑ヲ以テ罰セヌト云フダケノ趣旨ニ刑法並ニ刑法施行法ハ見テ居ルノデアリマス。別言セバ感化院法ヲ昔ノ刑法ノ懲治処分ニ代ヘタモノト見テ居ル御答ノ如クンバサウデナイヤウニモ見エ、又サウデアルヤウニモ見エマスガ如何デス」

〔答弁・床次竹二郎君〕「サウデハゴザイマセヌ。尤モソレハ事実ノ問題デ、ドウナリマスカ知リマセヌガ、併ナガラ斯ウ云フ事ハアロウト思ヒマス。従来罪ヲ犯シタモノデアツテモ、其罪ノ性質ニ拠テハ寧ロ是ハ直チニ感化院ニ収容スルヨリハ、或ハ一応家庭ニ預ケテ十分其父兄ヲシテ監督サセタ方ガ宜イト云フヤウナコトモアラウト思ヒマス。サウスレバ縦令《たとえ》罪ヲ犯シテモ、直チニ感化院ニ収容シナイト云フコトニナリマス」

○花井卓蔵君質疑「不良少年ノ刑事事件ノ裁判権、事実裁判権、之ヲ行政権ニ打チ任セタル外国ノ立法例モアルト云フコトノ御話ガアツタヤウデアリマスガ、私ハ全ク此ノ如キ制度ハナイト思ヒマスガドコニアリマスカ」

〔答弁・床次竹二郎君〕「責任ヲ以テ申上ゲラレマセヌ、ハツキリ云ヒマセヌガ、唯分ツタダケノトコロヲ申上ゲマスガ、亞米利加デハ唯今ノ所デハ、何デモ各州ノ半分以上ニハ小供裁判ト云フモノガ出来テ、不良少年ヲ感化院ニ収容スルニハ、一種ノ裁判ガ出来テ、サウシテソレハ法廷モ唯ダノ裁判所ト異ツテ居ル、判事モ特別ナ判事ガ置カレテ尚其判事ニハ民選ノ委員カ何カガ補佐ニナツテ付テ居ルト云フコトデアリマス（中略）」

「各国ノ例ヲ見マシテモ皆各々違ツテ居リマスガ、併ナガラ多クハ幼年犯罪者ハ裁判ノ手続ヲ以テ収容スルコトニナル。ソレカラ犯罪者ニアラザル不良少年ハ、法律上ノ手続ヲ以テ収容スルコトモアリ、或ハ亞米利加ノ如ク、小供ノタメニ別種ノ制度ヲ立テテ収容シテ居ル処モアリマスガ、日本ノ感化院ニ於テハ、是ハ行政上ノ手続ニ依テ不良少年ヲ収容スルコトニナツテ居リマスガ、此不良少年ノ感化訓育ヲ施ス上カラ考ヘマスレバ、成ルベク其裁判上ノ手ヲ潜《くぐ》リ、又ハ警察ノ手ヲ経ルコトモ避ケラレル限リハ避ケテ、少シモ懲罰トカ或ハ裁判トカ、何ニカ警察デ悪イコトデモシタト云フヤウナ考ヲ起スヤウナコトハ避ケテ、成ルベク無垢ノ人間ノ扱ヲスルト云フコトガ、感化ノ目的ヲ達スル上ニ於テ宜カラウ、現在デモ地方デヤツテ居リマスノヲ調ベテモ、警察ノ手ヲ経テルノモアリ、又調ハ警察デシテモ全ク警察又ハ裁判所カラ来タト云フコトデナクシテ、町村役場ノ調ニ拠テ収容シテ居ルノモアリマスガ、結果ハ警察若クハ裁判ノ手ヲ経ナイデ収容シテ居ルガ良イヤウニ考ヘマス。ツマリ懲罰若クハ裁判ト云フヨリハ、教育ヲスル訓育ヲスルト云フ考ヲ重ク取ツタ方ガ良イヤウニ考ヘマスノデ、即チ現在ノ制度ハサウナツテ居リマスガ、将来モソレガタメニヤハリ其主義ヲ採ツテ往キタイ考デアリマス」
○花井卓蔵君質疑「刑法第四一条ニ、一四歳ニ満タザルモノハ之ヲ罰セズト云フ規定ガアル。之ニ依ツテ旧刑法第七九条八〇条ト云フモノヲ廃止シタノデアル。従ツテソレニ代ルベキ不良少年ヲ懲治場ニ留置スル制度ト、機関トガ、出来テコナケレバナラヌ。代リノ制度トハ何ゾヤ、完全ナル感化院デアル。故ニ旧法第七九条八〇条ヲ廃シ、新法第四一条ヲ設ケタル以上ハ、同条ノ要求ヲ充タスガタメニ、感化法ハ大ニ改正ヲ企テネバナラヌト思フ。然ルニ唯今出テ居ルトコロノ感化法デ、満足ニ第四十一条ノ要求ヲ満タシ得ラレルカ、斯ウ云フコトヲ政府委員ニ問ウノハ当然ノ事デナイカ。又之ニ答フベキ義務ガアルノデハナイカ（中略）」
「亞米利加ノ子供裁判所ノ事ニ就テノ意見ヲ承リマシタガ、是ガ根本ノ間違デアツテ亞米利加ノ子供裁判所ノ由テ起リタル理由ハ、普通裁判所ニ托シテ不良少年ノ処分ヲスルト云フコトハ、寛仁慈愛ノ念ナキ、冷静水ノ如キ法律一遍ノ、普通ノ裁判官ニ委スト云フコトハ、誠ニ児童ノ為ニ憐ムベキ次第デアルカラ、最モ慈愛ノ念ニ富ミ、而シテ老練ナル裁判官ヲ選ミ、且其公判ノ如キモ、公衆ニ傍聴セシメズシテ、成ルベク世間ニ知レ渡ラナイヨウニシテ、教訓的ニ、学校式ニ、之ヲ開イテ、サウシテ之ヲ強制保護ノ機関又ハ、然ルベキ人ニ托スルノデアル。而シテ之ヲ育テ上ゲテ善良ナル者ニ造ラウト云フ主義意ニ出来テ居ルノデアツテ、実際ヲ云ヘバ行政権ノ処分ハ固ヨリ不完全ナリ、普通裁判ノ主義モ固ヨリ不可ナリ、一層之ヲ重ク見テ、特別裁判所ニシタノデアリマスカラ、是ガ一歩進ンダナラバ、行政処分ニナルナドト云フ御見解ハ理屈ニ合ハヌト思フケレドモ、是ハ議論トシテ争フヨリ外ハアリマセヌカラ、別ニ云ヒマセヌガ、其御見解ハ確ニ間違ツテ居ルト思ヒマス（下略）」

「最早議論ノ争ダケデ、応答ノ点ハモウ私ニハ別ニアリマセヌ。唯自分ノ考トシテハ、感化院ノ改正ハ新刑法施行ノ一部ヲナスモノデアツテ、而シテ新刑法第四一条ノ規定ヲ実行スルニ、重要ナル関係アルモノト思フノデアリマス。又旧刑法七九条八〇条ニ認メラレテアル懲治場ニ代ルベキ一ノ機関デアルト思フノデアリマス。ソレ故ニ本案ノ改正ノ及ボストコロノ影響ハ、実ニ繋ツテ新旧刑法ノ運用施行ニ及ブモノト思ツテ居リマス。ソレ故ニ能フベクンバ、独逸ノ後見裁判ノ如キ、亞米利加ノ児童裁判所ノ如キ制度ヲ研究セラレテ、子供ニ対スル特別裁判所ヲ設ケラレ、子供ニ対スル特別教育場ヲ設ケラレ、不良少年ヲシテ善良少年ニ導クベキ階段ヲ作ルコトニ致シタイト云フ趣旨ヨリ致シマシテ、願クバ最モ完全ナ国立感化法ノ下ニ、国立感化院ヲ設ケテ新刑法ノ之ヲ削リタル主義ト面目トヲ保チタイト云フ考ヨリシテ争フテ居ルノデス。之ヲ行政権ニ委スルノ当否、之ヲ裁判権ニ委スルノ当否ヲ基礎トシテ争ツタ訳デアリマス(48)

（下略）」

この激しい議論にみるとおり、要するに行政権主義とは、感化院には行政手続により収容を認定してゆこうとする方針であり、裁判権主義とは、感化院には裁判手続により収容を決定してゆこうとする方針である。いずれも少年法制の根本的な方針である。政府委員の床次竹二郎は温情で包み善導しようとする行政権主義・感化教育主義に立ち、花井卓蔵は刑法を踏まえた筋論と、将来の展望を見極めようとする鋭い意見が吐かれており、少年立法史上に名を残す論争として知られるものである。

第六章　旧少年法の画期的保護主義とその展開

㈠　感化教育理解の全国的拡がりと感化院長協議会

有名な両主義の論争は府県感化院設立にも大きな影響を与えており、感化法の一部改正による国庫補助金の裏付けも成果をみており、感化院は全国的に設立されている。この二年後の明治四三年一二月、内務省地方局長・床次竹次郎は全国感化院長協議会を召集、それぞれの感化院の実情や意見・苦心を一堂のもとに協議する機会をもっている。

そこでは、さまざまな感化院生の処遇事例が披瀝されており、(イ)精神教育の仕方、(ロ)院生、仮退院生の監督方法、特に賞罰の適正ならしむ方法・逃走を予防する方法、(ハ)教科・実科の方法、(ニ)運動・衛生・食事など、すべての事項に及んでいる。なかでも入院依頼を断った事例、幼年監経験少年の処遇例、院生の院外委託や、そこでは仕出かしたことの親代わりとしての弁償例、逃走少年の連れ戻しにまつわる苦心、教材としての新聞・雑誌の内容の問題、神社・寺院系感化院よりの感化は教育のみでは不可能で宗教教化の必要性が強調される意見など、感化教育は学校教育では考えられない難しい問題がそこにみられることを知るのである。

㈡　国立感化院令の公布と国立感化院の実現

つぎに懸案であった国立感化院設置問題は、すでに立法上、明治四一年の第二四回帝国議会で感化法一部改正のなかで国立感化院設立を認める法案は可決・公布されており、ただ財政上の理由から実現をみなかったものである。この点は特設監の修正指導のところで触れたところであるが、設置費一五万五、一四二円の追加予算が組まれ、大正六年の第三九回帝国議会でようやく承認され実現の運びとなっている。国立感化院令は大正六年八月一八日、つぎのごとく公布され同日施行となっている。

国立感化院令（勅令第一〇八号）

第一条　国立感化院ハ内務大臣ノ管理ニ属シ第二条ノ規定ニ該当スル者ノ感化ヲ掌ル

第二条　感化法第五条第一号又ハ第二号ニ該当スル者ニシテ左ノ各号ノ一ニ該当スル者ハ内務大臣之ヲ国立感化院ニ入院セシムルコトヲ得

一　年齢十四歳以上ニシテ性状特ニ不良ナル者

二　前号ニ該当セズト雖内務大臣ニ於テ特ニ入院ノ必要アリト認メタル者

第三条　国立感化院ニ左ノ職員ヲ置ク

院長

教諭　専任一人　奏任

書記　専任一人　判任

第四条　院長ハ教諭ヲ以テ之ニ充ツ内務大臣ノ命ヲ承ケ院務ヲ掌理シ所属職員ヲ監督ス

第五条　教諭ハ在院者ノ感化ヲ掌ル

第六条　書記ハ院長ノ指揮ヲ承ケ庶務及会計ニ従事ス

第七条　国立感化院ノ名称ハ内務大臣之ヲ定ム

第八条　内務大臣ハ国立感化院ニ於テ感化救済事業ニ従事スル者ヲ養成セシムルコトヲ得

これでみるごとく、国立感化院生の入院は内務大臣が決定、院長は内務大臣の命を受け院務を掌理するという格式の高い責任の重大な任務を負うこととなっており、これにより設立されるのが武蔵野学院である。

法令公布と同日、法学博士・小河滋次郎が院長事務取扱嘱託され、同年一〇月、埼玉県北足立郡大門村を用地として選定、翌大正七年七月二五日に院舎の建設に着工、大正八年一月一二日に二七棟の建物が竣工している。開院は大正八年三月二二日、内務大臣・床次竹二郎を迎え式辞が述べられている。ここに至る曲折からみて、この日の感慨は大きいものがあったことは想像に余りあるが、わずか生徒七名（新潟二名、神奈川・長野・埼玉・群馬・千葉の各県から一名）によるスタートである。

処遇方針は「武蔵野学院」とあるごとく、武蔵野の地で児童の個性を尊重、大自然を直観させることに力を注ぐ情・意の教育を主眼に、教科は小学校レベル、実科は木工・ミシン・農業の三科とし、院医による心身の診査をおこなうというものである。同院の規則では「生徒ノ教育ハ特ニ心身ノ発達ニ留意シ教育ニ関スル勅語ニ基キ国民ニ必須ナル道徳智識ヲ授クルモノトス」（第一条）と時代が反映され、非国民でなく良き国民となるよう教育勅語が冒頭に掲げられており、一日の授業時間割（第五条）を定め、起居は寄宿舎式・甲種家族舎式・乙種家族舎式と西欧の家庭的雰囲気をもたせる寮舎制 Cottage system が採られている（これは条項に定めがない）。また、生徒の罰は譴責・謹慎・独居の三種類と定めている（第一〇条）。

武蔵野学院の収容定員は創立時一五〇名であるが、その後一〇〇名、九〇名と縮小、昭和一五年には一〇五名に増加するなどの増減がみられている。開院時より国立感化院令第八条に定める社会事業職員養成所が感化事業従事職員の養成を目的として付設されており、また同じく院生の送迎・諸行事や製品の販売、帰郷旅費の補助や退院者保護の後援・相談・慰問の団体として職員・職員の家族を中心とした〝浴風会〟が結成されており、活動が続けられている。このような、かくれた支援活動こそ感化活動に不可欠な推進要素であった。

三　少年法案・矯正院法案の審議経過

この内務省所轄の感化法が軌道に乗ろうとするおり、これとは別個に司法省内において、少年の非行にからみ新しく少年法制検討の論議が持ち上がっている。それは明治四四年九月一九日、法律取調委員会のなかにある刑事訴訟法改正主査委員会での「監置及ヒ懲治ニ関スル手続」の条項（刑事訴訟法改正案第五編第二章）の審議に端を発している。もとより懲治の規定は、すでに刑法より削除されているが、この懲治に関連した最近内外の少年犯罪の憂うべき状況、刑事政策立法例から、刑法・刑事訴訟法・監獄法など広範囲に関係をもつ新しい少年法制の検討を必要とする論議に及んだといわれる。(49)

このため、明治四五年一月二三日、法律取調委員会から「少年犯罪ニ関スル法律案ノ特別委員」として長谷川喬（指名後死去）、平沼騏一郎、小山温、花井卓蔵、富島直道、鵜沢總明、穂積陳重の七氏が指名された。(50)この第一回の少年犯罪に関する法律案特別委員会は、取付き「犯罪児童法」(51)という趣旨で、第二回の少年犯罪に関する法律案特別委員会は、幹事の山岡万之助より「幼年法立案上の諸問題」(52)と、いずれも便宜仮題での文書を配布して少年の未決勾留、不定期刑の問題、弁護人補佐の関与、英国の幼年法、プロベーション（Probation 保護観察）などが諸問題として論議されている。第三回の少年犯罪に関する法律案特別委員会は倫敦《ロンドン》市のザ・ボーイズ・ホーム、ボースタル施設も論議され、第四回の少年犯罪に関する法律案特別委員会には主査委員（谷田三郎・山岡万之助・

泉二新熊の共同調査による起草）の「少年法案」という、一応条項化された案がみられ、保護処分の種類などが逐条検討される段階に至っている。

大正三年三月一日、刑事訴訟法改正委員会のなかで進められてきたこれまでの少年犯罪に関する法律案特別委員会の調査検討はそれなりの役割を果たしたとし、同年三月一三日、法律取調委員会は刑事訴訟法改正主査委員会から切り離して「不良少年ニ関スル法律案主査委員会」を設け、穂積陳重氏を委員長に、豊島直通、鈴木喜三郎、鵜沢總明、小山温、平沼騏一郎、谷田三郎、花井卓蔵の各委員、幹事に大場茂馬、三浦栄五郎、泉二新熊、谷野格、山岡万之助の各氏が任命されている。

この間、五年に近い歳月を費しているが、大正七年六月からは法律取調委員会のもと帝国議会への提出をめざす原案「少年法草案」として本格審議され、大正八年六月二九日「少年法修正案」として若干修正、大正九年二月、第四一回帝国議会に「少年法案」として提出している。ところで提出直前の一月一〇日、かねてより反対論者の小河滋次郎の「非少年法案論」が大阪府での救済事業研究会の席上で反対運動の先鞭が切られ、法案成立を阻止しようと反対論を議員に配布、波紋を投じている。その標題のみを掲げればつぎの一一項目である。

㈣　小河滋次郎の非少年法案論

「之を要するに少年法は時代錯誤の立法に外ならず」

法学博士　小河滋次郎

一、社会の諒解と協力を要す……何故に世論に聴かざる……官僚式秘密主義の陋

二、時代錯誤の立法……少年裁判制度の目的……純然たる行政行為……畸形制度……司法権の侵害……糺問主義の復活……少年の人格無視……法的少年虐待

三、不良行為の原因……少年は教育の対象……少年の特質……現行刑事制度の誤れる立脚点……少年犯罪増加の原因……少年を処分の目的物となすの誤謬……リストの諸説

四、裁判の対象たるべきものは一定の行為なり……教育主義より見たる感化事業と処分主義より見たる感化事業……感化事業の本質……裁判に接触せしむること既に傷《（ママ）》害なり五、感化刑の失敗……失敗せる懲治処分の再興……保護教育の対象は行為に非ずして状態なり……感化行為を以て刑的処分の代償たらしむるの不法……少年裁判制度は教育主義と相容れず

六、裁判の管掌を主張する表面の論拠と裏面の理由……誤れる外国の事例……親権万能主義の惰力……行政権の権能及任務……不必要不合理且つ非立憲の法案……外国に於ける感化事業の歴史……慣行は法制の生命……英国の裁判官と感化処分……吾れは既に彼れの進まんと欲して進む能はざる進境《（ママ）》に在り

七、米国に於て少年裁判制度の創設を必要ならしめたる理由……刑責年齢ノ不備……監獄の不備……少年労働の国風……下級移住民の増加……我が国情は如何……我が刑事立法の精神……少

年保護の要義を裏切る所の悪法なり

八、米国式少年裁判法の本領……少年裁判所の実体……裁判所の特設……法廷の内容と判事の態度……宛然たる親族会議……少年判事の職務……少年判事は少年保護の悉皆屋《しっかいや》なり……何故に弁護士を要せざるか……米国式少年裁判所の権限……第三者に対する処罰権……家庭と遺棄状態……少年判事の資格要件……法律の知識に非ずして教育の能力なり……教育本位の組織

九、少年裁判制度の中枢機関……少年保護委員……裁判の実権を握る者は保護委員なり……保護委員の監護に付する者十中の九を占《し》む……監護及感化院経費の節約……家庭教護の成績……好成績の原因……感化院は最後の避難所に過ぎず……感化院の大繁昌……経費の膨張と犯罪の養成……家庭教護……保護委員の方寸に存す

一〇、米国保護委員の実況……米国なればこそ……如何にせば適材を求むべきや……年俸一万二千円乃至一万八千円……担任児童の数……少年裁判所制度後援会……米国以外の各国に不成效《こう》(ママ)を免かれざる所以……少年保護司の任務如何……監視制度の二の舞……適材を求むるに如何の成算かある……最低限度の俸給年額三百五十円……我が国情を如何にせん……如何ぞ能く少年保護司に少年教護の権威能力を要望することを得んや

一一、一時収容機関特設の必要……未決監の伴はざる刑事裁判所の如し……迂闊《うかつ》も甚しく矛盾も極はまる……監獄の一部に矯正院の看板を掛ける猾手段……少年を此危機に救ふの道……我が

感化制度の長所と短所……現行制度の退歩を強ふるに同じ(53)

とある。小河滋次郎のこれまでの監獄法制・感化法制に関与した苦心・立場・見解などに考え及べば当然の行動であったろう。司法部内で長年立法作業を重ねているが、一回の中間答申も世に問うこともなく帝国議会に提出したということにつき、官僚式秘密主義と指摘し批判することも理解できるところであって、「親権者の利益保全と共に併せてまた国家福祉の増進を齎《もた》らす実質のものであって見れば、独り感化事業の名を以てする行政的教育行為に限って、之を裁判官憲の手に帰属せしめねばならぬと云ふ道理なき事毫も疑ひを容るるの余地なき所である」として裁判権主義を批判、「欧米に於て今尚ほ少年をば裁判の対象とする旧慣を擺脱《はいだつ》し能はざる一理由として看過し得ざる点は、彼れの感化事業の発達に関する歴史である」として、慣行は法制の生命として感化事業の歴史的実績を高く評価し強調するのである。

たしかに、現に先行する感化法の成果・実績を十分に汲みとるために、内務省の感化担当関係者の意見を聞き、学校教育との関連から教育関係者・有識者等の意見を聞く機会を公式にもつことが大切であったと考えられるが、それがなされなかったことが、こうした形で出されることになったわけである。その後、この反対運動は、大正九年一二月一一日に大阪府の知事官邸で開催された大阪府救済事業研究例会の席上でもみられ、

京都、大阪、兵庫の各感化院長らは、少年法案の反対決議をおこなった。同研究会において、

大阪府立修徳館教諭・亀山宥海は、少年法の有害無益を説き、左の決議を貴衆両院議員に送るべしとの意見を提出した。

一、吾人は少年法案の撤回を希望す。

二、若し撤回を不可能とせば、少なくとも左記の修正をなすを要す。

(イ)　少年法の対象は十四歳以上の少年に修正する事

(ロ)　少年審判官は純然たる行政官とする事

(ハ)　少年審判所と一般裁判所とは全然区別する事

(ニ)　矯正院は感化院の存在する以上不要なる事

右の決議案に対して、小河滋次郎は、「該法案が少年保護よりも、寧ろ少年懲治を主旨とせる事。少年保護司の活動範囲狭く、一介の獄史に過ぎざる観ある事。矯正院は全く少年監獄の如き内容なる事。之が実施に伴ひ地方費の膨張を来す事」を理由として、少年法案は絶対に撤回すべきであるとし、第二項の削除の意見を提案した。しかし、京都、大阪の感化院長から原案維持説が出され、結局、慎重に審議するため、委員付託と決定された(54)。

また、感化法を主管する内務省もこれを座視することは出来ず、大正八年一二月二日、つぎのような意見を司法省に提示している。

少年法案に関する内務省意見

一、少年審判所の組織に関する件
本法案に於ては少年審判所の審判官は判事を以て之に充つとありて其の審判所に付ては明示せざるも裁判所の建築物中に定めらるべきことと察せらる。少年審判所の局に当るべき者は、克《よ》く少年の審理に通暁し少年に対する同情と理解とを有する者ならざるべからず。即ち本法案の如き判事に限らず加ふるに児童心理に通暁する者、児童保護に関し経験を有する教職員、社会事業家等を参加せしむるを要す。又其の場所は少くとも教育的のものなるを要すへし。故に若し本法案の如く名を審判官と称するも裁判官が裁判所に於て審判するが如きは少年保護の目的を達する上に於て甚だ不十分なるのみならず、裁判又は裁判所に対する我邦伝統的社会心理の改まらざる今日、少年の心理を傷害するの危険誠に尠《すくな》からざるものあるべし。乃ち審判所の組織に関しては大に考慮を要すへく此儘にては同意し難し。
二、少年法の支配する少年の最低年齢に関する件
本法案に於ては単に十八歳に満ざる者と云ひ其最低年齢を定めざるも一面には現行感化法の存在せるのみならず、以上述ぶるが如き事由あるに依り本法案の支配を受くべき者は刑罰責任年齢たる十四歳以上にして且刑罰法令に触るる行為を為す者に限り十四歳未満の者及十四歳以上と雖も単に刑罰法令に触るる行為を為す虞《おそれ》ある者の如きは之を除外するを適当なりと信ず。

(五)　少年法成立とその意義・特色

しかし法案はすでに固まっており、大正九年二月二日、司法省はつぎのごとく提案理由を付し少年法案及矯正院法案を第四二回帝国議会に提出するのである。

少年法案理由

晩近《ばんきん》ニ於ケル刑事政策並ニ社会政策上幼年ヲ保護シテ不良行為ヲ防止シ依テ社会ヲ保安スルコトヲ以テ理想トス　従テ近時如何ナル国ニ於テモ幼年ノ保護ニ関シ特別ノ規定ヲ設ケサルモノナシ

本案モ亦此趣旨ニ従ヒ制定シタルモノニシテ一面ニ於テ保護処分ヲ規定シ他面ニ於テハ刑事処分ヲ規定シ刑法、監獄法並刑事訴訟法ニ関シ特別ナル規定ヲ設ケ以テ刑罰法令ニ触ルル行為ヲ為シ又ハ刑罰法令ニ触ルル行為ヲ為ス虞アル少年ヲ教養シテ順良ナル国民タラシメムトス　即チ本案ハ幼年ニ関スル各種ノ規定ヲ網羅スルヲ以テ之ヲ少年法ト命名シタリ

矯正院法案理由

少年法ノ制定ニ伴ヒ矯正院ヲ設立スルノ必要ヲ生ス　矯正院ニハ不良性ノ強キ少年ヲ収容シテ之ヲ教養スルコトヲ目的トシ感化院ト少年監トノ中間ニ位スル設備ナリ　即チ収容シタル少年ノ戒護ハ少年監ニ近ク内容タル少年ノ処遇ニ付テハ感化院ト性質ヲ同ジフシ本人ノ教養ヲ以テ趣旨トス

両法案は大正九年二月六日から八回にわたる衆議院特別委員会の審議を経て、七月九日から第四

三回帝国議会の衆議院本会議に、七月一五日には貴族院に送付となっているものの会期終了で審議未了、大正一〇年一月一九日の第四四回帝国議会でも貴族院に送付されているがこれも会期終了で審議未了、大正一一年二月一〇日の第四五回帝国議会において、三月二二日貴族院本会議で可決され、両法が成立している。少年法（法律第四二号）、矯正院法（法律第四三号）は大正一一年四月一七日に公布され、ともに大正一二年一月一日から施行されている。

このようにしてできた少年法（条文は紙数の都合で割愛）の特色は、何といっても長年の論争の妥協の産物、裁判権主義と行政権主義の折衷であり、刑法と感化法の混和という形式を採っており、虞犯《ぐはん》少年を含め、その対象を一八歳以下（未成年者と称す）としたことである。この結果、最も苦肉な点は画期的な保護主義の展開といえる一面をもちながら、保護処分一色の法律でなく少年への刑事処分規定を内在させた点である。少年の刑事法制の流れからみても、明治一三年の不論罪、明治四〇年の刑法からの分離ということで、次第に少年への非刑罰化の方向にあった流れを、少年法で再び抱《かか》え直すという逆流の形になっている(55)。

すなわち少年法で「罪ヲ犯ス時十六歳ニ満タサル者ニハ死刑及無期刑ヲ科セス死刑又ハ無期刑ヲ以テ処断スヘキトキハ十年以上十五年以下ニ於テ懲役又ハ禁錮ヲ科ス」（第七条）との重い刑罰規定、新制度の導入とはいえ三年以上一〇年以下と長期・短期の幅をもつ不定期刑（第八条）、仮出獄期間は少年保護司の保護観察（第六条）といった規定である。

このような形になるのであったら、明治四〇年の改正刑法の時に少年刑の条項を明らかにしておいた方がすっきりしたのであろうが、さらに大きな曲がり道をして、なお特別立法に少年刑法典である刑事処分規定を内在させたのは、少年審判とはいえ、やはり裁判権主義に近い制度で妥結せざるを得なかった事情、すなわち国親思想・感化教育・福祉救済分野へのもう一歩の理解の乏しさと、こと審判・裁判の領域に関する刑事政策的立法となると、強い権力をもつ台頭著しい司法官僚が内務行政官僚を凌駕する権威的・主導的背景をも時代的に垣間みるのである。

とはいえ、この少年法に司法大臣監督のもと少年審判所の制度を新設したことは、刑罰法令に触れた行為をなし、または刑罰法令に触れる虞ある少年対策への強力な法制上の変革であって、少年法制への科学的機能の導入がはかられたという点で評価されねばならぬことであった。すなわち感化法の手続のごとく地方長官の行政的判断だけでなく、矯正院への入院の当否を、医師による診断（身体検査・精神鑑定）などの意見をもとに判断するとか、保護者・少年保護司・保護団体などからの調査・資料を参考として病院送致とか矯正院送致とか、適当な保護者・保護団体に条件を付し委託するなどの、より適切な措置がなされることとなったことである。

また少年法の著しい特色は多彩な保護処分をも受けたことで、第四条に、

一、訓戒ヲ加フルコト

二、学校長ノ訓戒ニ委スルコト

三、書面ヲ以テ改心ノ誓約ヲ為サシムルコト
四、条件ヲ附シテ保護者ニ引渡スコト
五、寺院・教会・保護団体又ハ適当ナル者ニ委託スルコト
六、少年保護司ノ観察ニ付スルコト
七、感化院ニ送致スルコト
八、矯正院ニ送致スルコト

と九種の決定がなされ得ることとなっており、矯正院送致が最も重い保護処分に位置づけられている。

㈥　矯正院・少年保護団体・少年刑務所の役割と機能

いわばこれまでの感化院を中学校とすれば、矯正院は高等学校に相当しよう。また学校長の訓戒に委ねるという公教育・学校教育との係わりをもたせることも、形式的で効力を欠くとの批判もみられたが、それなりに意義のある重要なことである。

さらに矯正院での体罰の許容という点が学校教育の規定と異なるものとして特に注目される。思うに学校教育での体罰は、明治一二年の学校令第四六条に「凡学校ニ於テハ生徒ニ体罰（殴チ或ハ縛スルノ類）ヲ加フヘカラス」（明治三三年改正小学校令の校長の懲戒権）と禁止せられている折、新

しく出来た矯正院処遇規程（司法省令第三四号）では、その第一六条に「譴責、褒状ノ剥奪、端座、直立、屏居《へいきょ》」があり、「前項ノ懲戒ニ依リテハ其ノ目的ヲ達スルコト能ハサルトキハ体罰ヲ行フコトヲ得」と、体罰を認めている。この処遇規程は司法省令であるが、体罰を明白に認めた法令通牒というものは、明治憲法以降これだけである。この一事でも、感化院に比し矯正院が保安処分的な強力な矯正訓練を求める懲戒施設としての性格・使命をもって登場、同時に学校教育との歩調および近似性から一線を画し遠ざかっていった事由に挙げられよう。

それゆえ、この少年法成立当初、司法部内で〝愛の法律〟として讃美され、わが国刑事法制中画期的な法制と称され、多くの文献にもこのように記されている意義は否定はしないまでも、実態としては不良少年への懲戒が、矯正・保護という二律背反する概念のもと国の責務として採りあげられ、厳しい〝愛の鞭〟として社会的に容認され制度化されたという点に率直な史的意義を認めるべきであろうと考える。

かつまた、長年論議を尽くした割合には、実際に出来た矯正院は大正一二年の多摩・浪速《なにわ》の二院だけであって、これに続く瀬戸は昭和九年、福岡は昭和一三年、広島は昭和一六年、仙台・北海は昭和一七年となっている。したがって他の多くは少年保護団体（一種の里親制・家庭的小舎制《しょうしゃせい》）という民間篤志家に保護処分の大半が広く委ねられたという実態にも注目しなければならない。設備的に監獄に近い矯正院より、感化院的なコテージ・システムを採る民間保護団体に大半が委ねられたということは、少年の矯正・懲戒という感化教育より強い制度を家庭的な環境に置いたもので、制度的にすべてが計算された意図ではなかったにしろ、運用上は現実的に成功といえるものであった。立法では裁判権主義に傾いたが、運用面では感化院に接近した方式が採られてゆくのである。

「少年保護団体は、昭和一四年末現在百四団体を数え、うち収容施設をもつ団体は八七団体で、合計二、〇〇〇名以上の保護少年を収容しており、一団体平均二三名の保護少年を収容していた。また五〇名以上の収容力を持つ少年保護団体は二二団体に達していたので、少年保護団体は少年保護事業上重要な役割を担った施設であった(56)」

という数字を残し、いっぽう矯正院の矯正教育も、人材・設備とも当時としてはきわめて高レベルのもので、熱意あるものであったことが知られ、今日でも少年院の御三家といわれる多摩・浪速・瀬戸の院史をひもとけば十分に理解される。

少年保護団体・矯正院の人知れぬ苦労は社会に〝愛の法律〟に立つ施設としての理解を深め拡めており、感化院の教育も矯正院の教育も教育原理において同心円にあり同類項であることが理解されてゆく。矯正院と少年保護団体の共助・協力の歩みは困難な戦時体制をくぐり抜ける過程で、より多くの少年保護団体の誕生と充実をみている。〝愛の法律〟といわれる少年法の真の意味は、法として生まれ出ずるゆえんではなく、こうした少年そのものの日常に触れ、育てはぐくまれる情愛のなかに、その意味が理解されていったのである。

大正一一年、監獄は近代的な行政官庁らしい刑務所という名称となり、特設幼年監の系統は少年法で定める不定期少年受刑者の収容施設として、川越・姫路・名古屋・岩国・福岡・盛岡の各監獄が少年刑務所とされている。その後、名古屋・福岡は岡崎・久留米に、札幌少年刑務所は北海少年刑務所と、市ヶ谷刑務所八王子支所は八王子少年刑務所などと変更解消されているが、ここに「少年保護」の外「少年行刑」という新用語・新分野の登場をみるのである。少年刑務所では少年受刑者の姓でもって呼称(外来者の面前では番号で呼称)、職員の廃剣と典獄の私服化、教化行事の積極的導入がはかられ、「少年行刑教育令」「行刑累進処遇令」「仮釈放審査規程」は行刑三法とまでいわれ、行刑の教育化・人道化・科学化をアピールする行刑刷新の花形として脚光を浴びている。戦時体制下の少年行刑は「少年の錬成」「短期練成」という用語でもって通牒・通達・指示・教化まで表示され、少年受刑者に対する当局の教育姿勢を形成していることも特色であった。

第七章　戦後の新少年法と当面する諸問題

(一)　英米法系GHQ新少年法と旧少年法との比較

太平洋戦争を敗戦という結末で迎えることにより、占領下のわが国に進駐の連合国総司令部（GHQ）からさまざまな改革が指示されるのであるが、少年法関係もその例外ではなかった。その中心である担当者は情報局公安部のバーデッド・G・ルイス博士Dr. Burdett G. Lewisで行刑課長でもあるが少年法をも担当、少年院法はジョン・R・クレーナーMr. John R. Cranorであった。わが国に対する司法制度改革の一つとして、アメリカの少年裁判所制度を受けいれざるを得ないよう行政指導されたわけであるが、当時の折衝経緯を物語る公式の起案原文はほとんど残されていない。ただ「ヴァレンタイン氏より司法大臣宛報告依頼書回答案」（Answer 27 March 1946）[57]は、連合国側がわが国の少年法制を知ろうとする最初の質疑であり、これが公式文書として少年立法検討の基本資料の一つとなったことは確かである。以下、新少年法成立に至るGHQとの折衝経過を年表化すれば、

昭和二一年一一月三日　日本国憲法公布
昭和二一年一二月上旬　司法省大臣官房保護課は少年審判制度の存続を基本とした部分修正を予定し「少年法改正要綱案」という準備草案を作成
昭和二二年一月七日　司法大臣官房保護課を中心とした司法保護関係法規改正協議会、「少年法改正案・矯正院法改正案」をＧＨＱ公安部ルイス博士に提出
昭和二二年一二月一五日　ＧＨＱルイス博士よりアメリカ標準裁判所法を規範とする「少年裁判所法の未完成提案」が司法大臣官房保護課に交付される。
昭和二三年一月二〇日　司法大臣官房保護課立法部（内藤文質・大坪与一・柏木千秋・加藤礼敏のメンバー）はＧＨＱルイス博士に「少年法改正案」を提出
昭和二三年二月六日　ＧＨＱルイス博士より「少年裁判所法の完成提案」（採用すべき示唆案）が司法大臣官房保護課に交付される。
昭和二三年二月一五日　司法省は法務庁と改称、保護課の業務は矯正総務・成人矯正・少年矯正の三局に分掌される。
昭和二三年四月五日　法務庁少年矯正局立法部はＧＨＱに「少年裁判所法第一次案」を提出
昭和二三年五月五日　法務庁少年矯正局立法部はＧＨＱに「少年裁判所法第二次案」を提出
昭和二三年六月一四日　閣議により少年矯正局立案の「少年裁判所法第二次案」を「少年法を改

　正する法律案」とすることに採択決議
昭和二三年六月一六日　「少年法を改正する法律案」を第二回国会に提出
昭和二三年七月一五日　「少年法を改正する法律」（法律第一六八号）「少年院法」（法律第一六九号）
　公布され、昭和二四年一月一日施行となる。

この間、ＧＨＱ側の示唆として、行政官庁である少年審判所が少年の自由を拘束する保護処分（少年院送致）は憲法違反であるとの強い反対意見があり、対象少年は二一歳という提示もあった。しかし、少年審判は家事審判と併せ新設の司法機関「家庭裁判所」がおこなうことと最終的調整をみることにより、少年裁判所は設置されないこととなり、少年年齢も二〇歳未満とされている。この家庭裁判所設置も少年審判規則（最高裁判所規則第三三号）も少年法と同時に公布施行、昭和二四年三月三一日には旧少年法の施行以来、矯正院の保護少年を委託、矯正の一翼を担ってきた少年保護団体も廃止せられた。

新少年法の何よりの特徴は、少年は教育対象として可塑性に富むことから、「犯罪を法律的に判断するばかりでなく、行為者に着目してこれに適切な処遇を加えること」「少年法は刑事法的なものであるより、むしろ衡平法《こうへい》（エクィティ）の思想に由来する後見的・福祉的なものだとする考え方である」(58)といわれる思想に立っており、この考えは少年法第一条に掲げる目的が、少年の健全な育成を期し「性格の矯正」及び「環境の調整」にあることを明示していることにより、より具体的に知られる。

このため、手続もこの目的に沿い、旧少年法と異なる点は、少年事件の家庭裁判所全件送致主義、家庭裁判所の先議権、保護処分の決定と執行の分離（旧少年法では少年審判所に決定権と執行権があったが、家庭裁判所に決定権が与えられる）、少年年齢を二〇歳に引き上げ、旧少年法に比較して虞犯の範囲を狭め、保護処分の種類も縮少整理、抗告を認め、医学・心理学・教育学・社会学など科学的知識を活用するため少年鑑別所を設置、科学的知識の臨床化・ケースワーク機能の強化という点から専門調査スタッフの家庭裁判所調査官を配置、少年の福祉を害する成人の刑事事件に対する裁判権を特に加えたことなどが主な改正点である。(59)

(二)　戦後少年院の処遇の実態と動向

戦後、時代は大きく変わり、少年院の名称も千葉星華学院・水府学院・茨城農芸学院・人吉農芸学院・豊ヶ岡農工学院・有明高原寮・湘南学院・中津少年学院・置賜学院・愛光女子学院・榛名女子学院・貴船原少女苑・紫明女子学院・筑紫少女苑・丸亀少女の家といった、学園として温かくオブラートされた名称を用いるようになっている。元海軍潜水学校柳井分校（山口県）が少年刑務所に転用され新光学院（刑務所が学院と呼称したわが国唯一の例）も同様である。その名に託した実業と教化といった伝統的な教育指針がよく象徴されていよう。

しかしながら、少年院、ことに戦後の少年院の歩みは、決してそのような単純素朴なものではなく、一〇年ないし一〇年余の小刻みなサイクルをもって試練の実態と実験的・試行的処遇がなされている。それはあたかも激動する時代のうねり、時代の渦をそのまま示しているといってよく、少年非行は世相の反映にほかならぬものであった。そのうねりの特色は、おおむね、つぎの四つの波で区分され説明されている。

①　第一の波がピークに達した昭和二六年の前後は、戦後の食糧難・物質不足・住宅難にあえぎ生み出された飢餓型・浮浪型非行といえるもので、少年院は暴動・逃走・自傷、はては教官への暴行まであえてした過剰拘禁時代であった。このため多くの刑務所の中に代用少年院が区画特設された苦難の時代であった。

②　第二の波がピークに達した昭和四一年前後は、戦後のベビーブーム児により形成された高度経済成長期、消費生活が拡大、東京オリンピックを起点とした〝繁栄の落とし子〟と呼ばれ、モータリゼーションなどを媒介として享楽的な遊び型非行を現出している。また、この間、学園紛争・政治運動に参加した公安少年と呼ぶ異質の収容類別をも生んでいる。

③　第三の波がピークに達した昭和五六年前後は、石油ショックを起点とした低成長期、白けムードの陰湿ないじめ・校内暴力・家庭内暴力など攻撃型・粗暴型非行を特色とし、統計的にみて、昭和五〇年代より非行の低年齢化と女子非行の増加が著しく、自動車の普及による非行

の都市化・広域化・西欧型（集団によるギャング化）が目立っている。

④　第四の波といえるか、平成年代に入った世紀末の一九九〇年代、第三の波がなお高原型に推移しているが、特に平成九年前後より〝閉じこもり型〟の仮想現実《バーチャル》から生起したと思われる歯止めのない凶悪異常な突発的少年犯罪が多発している実情にある。

この第二の波を経て第三の波に入った時期、私は「少年院の実態にみる少年法」（『法と政策』――青少年の育成と非行問題――一九八二年八月号＝昭和五七年・第一法規）と題し少年院の処遇を記したことがある。以下本稿の記述として当時の実情を伝える参考としたい。

○　収容少年の分類と対応する矯正教育

この第三の波を抑えている現時点での収容少年への対応であるが、まず順序として収容少年が少年院法第三条に基づき左の四つに種別されていることをご説明したい。

初等少年院……心身に著しい故障のない、おおむね一六歳未満の者を収容。

中等少年院……心身に著しい故障のない、おおむね一六歳以上二〇歳未満の者を収容。

特別少年院……心身に著しい故障はないが、犯罪的傾向の進んだ、おおむね一六歳以上二三歳未満の者を収容。

医療少年院……心身に著しい故障のある、一四歳以上二六歳未満の者を収容。

少年は保護処分決定と同時に大きくふるい分けられるわけである。これら収容少年の非行内容を検討する場合、犯罪少年と虞犯少年を主とするものであって、一般保護少年総数の構成比からみた場合、少年院送致はその一割に満たず、他は審判不開始・不処分で済まされている。したがって、少年院送致少年は収容処遇を相当とするだけの非行深度・非行汚染がある対象と見るべきものである。言葉をかえれば、自由を拘束する少年院収容が、強い処置として少年の現在の矯正に必要とされ、場合によっては非行による被害を社会から守る必要もあると判断されたものである。ただここで学理および実務的に問題とするのは少年法第三条ノ三に掲げる「その性格又は環境に照らして、将来、罪を犯し、又は刑罰法令に触れる行為をする虞のある少年」という、いわゆる虞犯少年の収容についてであって、非行事実を重視する説と少年の人格を重視する説とに分かれており、犯罪を犯していないのに少年院に強制収容されることへの不服から抗告する事例も多くみられている。これにつき判例は、

ぐ犯少年を少年院に送致するにはその虞犯性がいちじるしい場合に限られ、性格矯正の必要性が強くても、虞犯性の程度が低い場合には、他の保護処分あるいは保護的措置にとどめるべきであるとし、本件では保護観察によって虞犯性の除去に相当の効果を挙げうる（家裁月報一五巻一号一〇五頁・裁判事項・表１参照）

と判示、その枠を一層厳しい方向にもっていく傾向にあり（拙稿「虞犯少年の少年院送致」、菊田幸

一編「判例刑事政策演習・少年保護編」九六頁)、裾分一立氏の「刑事事件の対象は事実であり、保護事件の対象は人である」(家裁月報四巻一〇号「少年保護事件手続に関する一考察」八八頁)という基調的論説をよく振返ってみる必要のある所である。

ここにあって、少年院は「家庭裁判所から保護処分として送致された者を収容し、これに矯正教育を授ける施設とする」(少年院法第一条)をその行政的使命とし、これを承けて「少年院における処遇は、在院者の心身の発達程度を考慮して、明るい環境のもとに、紀律ある生活に親しませ、勤勉の精神を養わせるなど、正常な経験を豊富に体得させ、その社会不適応の原因を除去するとともに長所を助成し、心身ともに健全な少年の育成を期して行わなければならない」(少年院処遇規則第一条)と処遇の方法を示している。少年院がおこなう矯正教育の原理は学校教育の原理と何等変わるところはなく、少年の健全な育成のための一環で、あくまで一元的・同心円的に理解されねばならぬものと考えている(拙著「少年懲戒教育史」一〇一四頁・第一法規)。ただ矯正教育の実践場面において、これら収容少年が明らかに家庭教育・学校教育からの脱落者であり、重点的な教育が工夫され展開されねばならないとの趣旨より、昭和五五年六月二四日「少年院における教育課程の編成及びその運用について」の矯正局長通達がだされ、教育課程は新入時、中間期及び出院準備の三期に分けるとともに、生活指導・職業補導・教科教育・保健体育及び特別教育活動の各指導領域に編成され、その実施の一週間標準課業指導時数は、昼間をおおむね三三単位時間とし、夜間をおおむね一一単位時間に配当、週当たり四四単位時間を下回らぬ範囲で、施設・地域の実態に応じ少年院長が決定することになっている。各対象に応じた課程は**表2**のとおりである。昭和五六年度犯罪白書三四三頁にみる課業指導時数は、総体的に生活指導に多くの時間が配分され、特に交通短期処遇では五六・五％が生活指導に充てられていることを示している。また重点的な教育方針から、職業訓練課程では職業補導に六五・二％、教科教育課程では教科教育に四〇％、医療措置課程では保健体育に一九・九％と他の課程と比べてほぼ一〇％程度多い指導時数が配分されている。

これを個々にみる場合、生活指導においては自己洞察、集団の一員としての自覚と遵法精神の涵養などを重点に、カウンセリング・内観・面接指導・作文指導・役割活動・集団討議など多くの処遇技法が導入され成果を挙げており、健全な物の考え方や行動様式を身につける訓練がなされている。職業補導については「少年院職業補導基準」（昭和二四年）、「技能基準・設備基準」（昭和三一年）がそれぞれ制定せられており、社会で通用する各種資格が数多く取得されている。それは出院準備の徹底とからめ、住込み・通勤などの方式による院外委嘱職業補導（昭和三一年）の制度としても定着している。教科教育については「五五年度の新収容者中、入院時に中学在学中の者は四七八人であったが、このうち、一〇一人は、学齢中に出院して中学校に復学し、三七七人は、在院中に中学校の全課程を修了して出身中学校長名の中学卒業証書を取得している。また、在院中に中学校を卒業した者のうち、一六人は高等学校、五人は専修学校に進学している」（昭和五六年度犯罪白書三四五頁）という成果をみせており、少年院法第五条で「少年院の長は前条各号に掲げる教科を修了した者に対し、修了の事実を証する証明書を発行することができる。前項の証明書は、学校教育法により設置された各学校と対応する教科課程について、各学校の長が授与する卒業証書その他の証書と同一の効力を有する」とあるものの、出身学校長が積極的に卒業証書を与えていく近年の傾向は、少年に対しまことに好結果を得ている。ちなみに少年院に学ぶ若者たちの手記で、福岡少年院の男子院生が、

入院以来、早いものでもう一〇か月、そして近いうちに仮退院を迎えようとしている今、私はつくづくと、この少年院に入ってよかった、と心の底から思っています。普通の浅い考え方からすれば少年院送りということには誰しも反感をもつでしょうが、すくなくとも今の私には、そういう気持は全くありません。むしろ、感謝の気持で一杯なのです。入院する前の私は、母一人、子一人の家庭を憎み、母をうらみ、冷たい世間にすねて、すさんだ生活を送っていました。そんな私が、今どうしてこんな感謝の気持をもつようになったのでしょうか。それは、入院後間もなく、私にとっては思いも寄らなかった大きな一つの目標が与えられ、その目標に向かって全力を集中することができ、その結果が幸いにも報いられたからです。その目標とは今回の高校受験のことです（法務省矯正局教育課監修「立ち直りつつある少年たち」一五〇頁・昭和五五年）。

と喜びにみちた書き出しで、少年院から特別外泊が許され、県立高校受験三日後に合格の知らせを

受けたことを記し、

このような結果になったのは、決して私一人の力ではありません。ここまで到達するのに、非常に沢山の方々が私一人のために色々と手を尽くされ、東奔西走して下さった事を私は知っているからです。私の中学校の校長先生、担任の先生方、鑑別所の先生方、保護司の先生、院長先生や修学寮の先生方、そして何よりもたった一人の私のかけがえのない母。一年程前までは、心の底から憎み、乱暴を働き、悪態の限りを尽くして泣かせ続けてきた母、その私を、広く暖かいふところに抱きこんで励ましてくれた母。この母を始めとした多くの方々によって私は目覚めたのです。」

と結んでいるのもその一例である。

○　少年院改善への実務的努力とその軌跡

さて、矯正教育場面で、右のような事例がとみに多くなっていることは喜ばしいことであるが、こうしたムード、こうした実績を生む契機は、家庭裁判所・少年院の両サイドより、社会的に固まっている旧い少年院のイメージを打破する必要性が強く認識され、とかく収容期間が長期に偏し画一化していることの批判がなされ、海外での少年に対する適正手続理論（デュー・プロセス）の進展を注目することにより多くの反省点を見出していったからである。そうして昭和五一年一二月八日「少年院運営の改善について」の依命通達が矯正局長より出され、昭和五二年五月二五日「少年院の運営について」の通達で詳細にわたり改善がなされている。その運営にあたっての基本的事項はつぎのとおりである。

① 少年院送致処分は、少年院における矯正教育のみによって完結するものではなく、仮退院後における保護観察と一貫性を保つことにより実効ある保護処分として処遇の効果を挙げ得ることを認識し、施設内処遇と施設外処遇との有機的一体化を図るよう運営する。

② 少年院に収容される少年は、その非行態様のみならず、生活歴、性格、問題性も多岐にわたることに着目し、長期処遇においてはもちろん短期処遇においても、従来の処遇の画一化及び処遇期間の硬直化を排除し、少年の個別的必要度に応じて、できる限り短期間に効果的処遇を実施するよう努め、処遇の個別化と収容期間の弾力化を図る。

③ 各少年院とも、従来、収容人員に比して多種に過ぎる職業補導種目を併有し、あるいは処遇が平板に流れていたため各施設に特色が見られず、魅力に乏しい少年院処遇をもたらした点を反省し、処遇内容の整理統合により処遇の実効を挙げ得るよう特色化を推進する。

④ 家庭裁判所、保護機関のみならず、警察、検察等少年処遇に関係する諸機関及び地域社会と少年院との緊密な連絡協調について一層配意し、柔軟な姿勢をもって少年院における運営及び処遇に関する忌たんのない意見を徴し、改善の実を挙げるよう積極的に努める。

この基本的事項は単なるお題目に終わることなく強力に実行に移され、家庭裁判所・学校・警察などとの連絡協議会の活発な実施を通じ、少年院固有の機能が理解され、制度的位置づけも実績をともなう裏付けあるものとなってきている。したがって、矯正教育など膏薬を張っている時だけ効いているという〝少年院一時膏薬論〟といった冷ややかな評も立消え、練鑑ブルースと共に著名な〝年少渡り鳥〟（山田由三郎「少年院」八頁所収）

一　ヤキの印幡《いんば》か八街《やちまち》か　娯楽の多摩か静岡か　学科試験は千葉星華　とんと俺らにゃ用はない

二　百姓一揆の茨農《いばのう》か　職業訓練神奈川の　波乗り越えりゃ群馬県　赤城おろしが身に泌みる

三　風の波間に佐渡が島　雪が降ります潟《がた》少に　意気なリンチは浦安で　謹慎体操小田原よ

四　これがこの世の地獄なら　誰に聞かそか娑婆の人　情あるなら伝えてよ　俺ら年少渡り鳥

といわれる歌があるが、最近では歌う少年も稀である。これも初等・中等・特別少年院と累進在院した少年が少なくなり、かつまた新しい運営方針により施設を転々とした処遇困難少年のたらい回しが無くなった証しであろうとみられる。旧い少年院の歪められた風評や痕跡は、今ここに大きく洗い流されてきている現状を直視したい。また近年、少年院の新築改築なども全国規模で大幅におこなわれ、収容期間の延長や移送に関する意見、少年鑑別所宛の再鑑別依頼、全体処遇計画、個別的処遇計画などの書式が丹念に定められ、家庭裁判所との連絡が密になっていることも確かである。少年院成績評価基準の様式（昭和五五年）も、規範意識・基本的生活態度・学習態度・対人関係・

生活設計という共通項目に対する評価と、生活指導・職業訓練・教科教育・保健体育・特別活動という指導領域特記事項に区分され、きめこまかに全国的統一をみるに至っている。少年院行政の法的・物的・書式の整備と標準化は、従来に比べ抜本的かつ飛躍的に改善されたとみてよいであろう。ただ気がかりなことは、これら書類の作成や行動観察記録・処遇経過記録・集会記録などに追われ、肝心要めの少年と接触する時間が減るようなことがあってはならぬということである。

○　新時代の少年院とその課題

ともあれ、今後はこうした改善努力のうえ、少年院の教育内容の一層の充実が必要である。中味で勝負をしたい教育内容の充実とは、単に設備を立派にし、教科を多彩に、いたずらに集会活動の回数を重ねるということではなく、限られた収容期間でなければできない少年院独自の有益な教育を施すことであると考える。その最重点は家庭教育や学校教育以外に厳しい躾け教育、強力な訓育に徹するものがなければならない。少年院での訓育は円満な人間観・社会観および正しい日常的なルールや慣習を抵抗なく身につけさせることであるといえようが、それには指導的権威ともいうべき、少年が経緯を感じ親しみを感じるだけの人格と資質が求められる。ただこの問題はいうべくして最も難しいものであって、収容少年のすべてが非行という反社会的行動をかなり濃厚に身につけ、マイナス的価値観を内面に温存して入院してくる場合が多いため、新入時オリエンテーション段階での施設内情報や指示を素直に受容する心情や態度に欠ける事例が多いのも、これまた当然のこととして認識しなければならない。したがって往時を問わぬ寛容な態度をもってラポート（心の連がり）を取りつけ、次第に固い殻で身構える粗暴・放縦な生活態度を時間をかけ解きほぐしてゆく作業が進められていくのである。現在このような考えから、矯正教育の具体的方法として、薬物濫用問題群（薬物嗜癖の有害さを科学的認識させ、それからの離脱方法を考えさせる）、交通関係問題群（交通ルールの再学習をとおし遵法精神の涵養と被害者への責任を自覚させる）、家族関係問題群（家族に対するこれまでの自己の態度を分析させ、家庭の大切さを理解、家庭の大切さを理解、家庭的一体感を保つ方策を考えさせる）、交友関係問題群（不良交友関係から、その実態をどのように認識し、自己に何をもたらしたか等を理解させる）に分け重点的・集中的に反省指導する方法が採られている。矯正目的をより具体的に絞ろうとしているわけである。

さて、矯正教育の充実のほか、もう一つの課題を考えるならば、少年院はとかく生活指導・教科指導に力点が置かれ、学校教育に類似した方向に傾斜しがちであり、部内での事例研究発表は盛んであっても、保護処分の判例研究とか教育裁判例といった研究にはやや関心が薄く低調であるともいえる。それゆえ少年院に託された矯正教育の執行力が少年法そのものとして化体しなければならないとする少年法への意識部分、少年法への触覚は一層敏感であってもらいたいと願わずにはいられない。特に移送・在院期間・収容継続・連れ戻し・処遇勧告をめぐる法的動態においては、つねに少年の基本的人権を踏まえながら、少年に有為な矯正のためにということが点検され反趨されねばならない。

最後に付言するならば、少年の保護を親に代って国が監護育成するという国親思想（parens patriae）に立脚、国立少年院主義を採っているが、旧少年法でみられた学校長の訓戒処分権の見直しとか、事実上の私立少年院である民間委託の少年保護団体という制度をも併用補充させるといった柔軟な発想が、少年の本当の家庭である親権者（父母）の教育能力をスムーズに回復させ、学校教育で最も身近な受持教師や学校長という人々の協力連携を保てる矯正環境の形成になろうと思う。私が「懲戒について有効適切な教育者は果たして誰かの問いは、もっと至近距離において答えられるべきであるということになる。ここに少年法は強く異質な刑法や刑事訴訟法の特別法という、定着しすぎた発想を捨て、あくまで親権を中心とした民法の特別法であるという考え方をおさえなおし、育てなおす必要がある」（前掲・少年懲戒教育史一〇一六頁）と主張するゆえんである。このようにして「日本の将来をになう児童・少年が、健全に育成されていくことを願う少年法は、単なる法の文理解釈や手続法的な視点で理解されるものではない。法そのものも少年審判の原理と矯正教育の原理が、運用面で一貫されていなければならない」（拙編「少年法演習」新有堂一頁）という認識や努力がある限り、少年院は青少年の健全育成を担う重要な機能を果たしてゆくものと確信するのである。

㈢　戦後少年刑務所の実情と少年院との区分・実益

少年院の処遇とあわせ、少年刑務所についても触れておく必要があるが、以下すでにこの部分は拙編『少年法演習』（新有堂・昭和五六年二月刊）に記述してあり、これを掲げておきたいと思う。

少年刑務所をめぐる問題として、少年院とどのような法的差異があり、その区分に実益があるか否かは、つねに論点とされる。少年刑務所も少年院も共に少年法による対象少年を収容する拘禁施設であり、法務省矯正局が主管する矯正教育施設であることには変わりがないからである。ただ前者が刑事施設として拘禁が前提的に主要目的であるのに対し、後者は手段として拘禁を伴うものである。少年法という一本の法律が「少年の健全育成」を期しているが、その育成手段として刑事処分と保護処分の二本立で臨むこのような現在の制度には、多分に史的経緯があることを指摘しなければならない。刑罰と保安処分が未分離であった明治初期から中期にかけては、成人監獄内に懲治監を設け、いわゆる監獄の軒先を借りた少年懲治がおこなわれ、これとは平行して幼年監（未丁年監）という拘禁区分が存続せられた。これを受けて大正一一年から感化院（のちの教護院）・矯正院（のちの少年院）・少年刑務所（元の幼年監）という三つの系譜を形成している。したがって、昭和一五年（一九四〇）に留岡清男氏が『児童観と教育』（西村書店）で左のごとく行政主導型の児童政策を概観、区分しているものは、戦前における少年刑務所・少年院の位置づけを総括的視点で把えたものとして評価されるものである。

イ　文政型児童観……教育行政から心身異常児・家庭貧困児等を取り捨て、正常な児童のみを対象として考える文部行政型児童観。

ロ　恤救型児童観……国家は怠惰を起因とする貧困家庭児に公的負担をなす必要はなく、隣保救助や宗教的慈善・人道的同情心で救済されるべきであるとする厚生省型児童観。

ハ　行刑型児童観……不良児を矯正する感化事業を含め、矯風・治安維持を〝行刑は刑罰である〟という方針で臨む司法行政型児童観。

このようにみると、少年刑務所と少年院は古くから司法行政・法務行政の同一系列下にあり、拘禁という物理的設備事態も、少年刑務所の外塀が若干高いといえる程度で、他に大きな差異を見出すことは困難である。まして矯正教育の原理・方法についても区分は見出し難く、少年刑務所の訓練が年齢差だけハードであるといえる程度のものである。ただ少年刑務所での受刑少年を大きく分類した場合、(イ)非行歴はないが異常な反社会的行動をなし少年として初犯・長期の刑に服している者、(ロ)補導歴や鑑別所・救護院・少年院など施設歴が多い、あるいは暴力団などに加入、非行度が非常に進んでいる者、といった二つに分けられよう。前者としては川越少年刑務所の例として「初犯者のみの収容施設のため処遇が比較的容易であり、特別少年院に収容せられている少年よりも性格的には、すなおなものが多い。その理由を検討してみると、彼らの非行の結果が、すなわち実害の発生が重い故に、保護処分に浴することが出来なかったものがかなり収容されている、と思えることである」（沢登ほか『展望少年法』六一四頁）という見解がみられ、これは一般的にいえるところである。それゆえ少年刑務所が少年院より段階的に悪質で非行少年の終着駅であるとは一概にいえぬものである。また特殊な例として「確かに懲役刑の前科執行を受け終わった少年が、再び犯罪を犯した場合に、少年院においては非常に処遇が困難であるということは、注意を要する点である」（執務資料集㈠四〇一頁、昭和二六年全国少年係裁判官会同要録九三頁）と、刑執行経験のある少年の事件は保護処分に親しまないという指摘もあるが、これらは現在の運用上、すでにその例をみることが皆無となっている。

したがって、少年刑務所と少年院を対比する場合、改善主義か処罰主義かといった対立的な考えはないもので、刑罰（少年刑務所処遇）も保護処分（少年院処遇）も特別予防的な機能を果す矯正教育処分である点では全く同じであり、そのちがいは、前者が行為責任を法的に問いながら行為者の矯正教育を施すのに対し、後者は行為責任を問うことなく、ひたすら行為者の保護・矯正を目的としているものである。また、少年法の運用実益からいっても、年齢・事犯から厳正な刑罰で臨むのが適当である場合と、保護処分という形態で臨むのが適当である場合とを教育的に選択されたとみるべきである。親や教師に懲戒権が公的に認められているように、国民が国家に認めた教育的懲戒手段の択一とみるのである。それは少年に刑罰で臨んでも前科は付されないという特例からも明白に理解されよう。

ところで、刑罰・保護処分ともに、矯正教育効果の確実性を期し、それを見届けるため、収容期間の弾力化ということで不定期処分が是認せられている。すなわち少年法に依拠する不定期刑は左の条項である。

第五十二条　少年に対して長期三年以上の有期の懲役又は禁錮をもって処断すべきときは、その刑の範囲内において、長期と短期を定めてこれを言い渡す。但し、短期が五年を越える刑をもって処断すべきときは、短期を五年に短縮する。

２　前項の規定によって言い渡すべき刑については、短期は五年、長期は十年を越えることはできない。

３　刑の執行猶予の言渡をする場合には、前二項の規定は、これを適用しない。

長期と短期を定めて言渡すいわゆる相対的不定期刑が採られているもので、適用は判決言渡時の年齢としている。法律上の論点としては、上訴審の不利益変更禁止の原則と執行猶予の除外事由があり、「第一審判決の不定期刑を第二審判決で定期刑に変更する場合と不利益変更の禁止（刑訴四〇二条）について見解が分かれている（少年執務資料集㈢四三六頁以下）が、最高裁判所の判例（昭和二五年三月一五日大法廷判決など）は、不定期刑の長期と短期との中間位を定期刑と比較するという中間位説に立っている。本条第三項は、刑の執行猶予の言渡しをする場合には不定期刑を科さない旨を規定している。けだし、不定期刑は専ら行刑上の効果にねらいがあるのであるから、執行猶予の場合に不定期刑を言渡すことは、無意味であるとの趣旨であろうが、執行猶予が取り消された場合のことを考えると、立法論として疑問の余地もある」（少年法概説一六二頁）との解説がみられる。

また、不定期刑の刑期満了日は法的にどの時点とすべきかという実務上の問題があるが、「相対的不定期刑本来の満期日は特別の規定なき限り短期に付言渡されたる期間の満了日であることが当然である。即ち短期が定期刑の刑期に該当し、その期間の終了することによって刑罰の一般予防目的が達せられたるものと見る」（正木亮『刑事政策汎論』三〇五頁）という論説にみるごとく、わが国の相対的不定期刑は一元論でも二元論でもなく、一般予防と特別予防の折衷であるとする考え方が採られている。すなわち短期は刑罰であり長期は特別予防を目的とする期間と見倣す考え方である。実務上もこれを裏付けるごとく、前者には仮出獄證書（大正一一年七月司法次官依命通牒「不定期刑者ノ釈放手続ノ件」において「短期ト長期トノ間ニ於テ釈放セシムヘキ場ニ於テハ当分ノ間仮出獄ノ手続ニ依リ御取扱相成度候」とされる）、後者には不定期釈放の証書（昭和一五年行甲第一五八七号「不定期刑の言渡を受たる者の釈放の件、昭和二四年五月「犯罪者予防更生法」四八条の五では不定期執行終了決定書が監獄に到達した日が終了日とみなされる）が交付され、いずれも仮出獄手続に準拠しながらも扱い上の区分がなされている。

しかしながら、今日この不定期刑を適用される少年受刑者は、昭和四五年以降急速に減少を示し、昭和二五年以降は少年院収容者の数が上廻り、刑事処分と保護処分の占める位置、収容数が左図の

少年刑務所・少年院収容状況推移（毎年度末人員）

年　度	少年刑務所	少年院
昭和20	3,463	731
〃　25	4,626	5,929
〃　30	1,687	10,218
〃　35	2,117	9,731
〃　40	1,182	9,447
〃　41	1,467	9,630
〃　42	1,473	8,048
〃　43	1,606	6,494
〃　44	1,234	5,398
〃　45	891	4,860
〃　46	740	4,048
〃　47	464	3,580
〃　48	332	2,847
〃　49	249	2,414
〃　50	196	2,878
〃　51	167	2,875
〃　52	113	

とおり完全に逆転するに至っていることは注目すべきである。

少年に対する不定期刑適用が消極的になってきている傾向は、刑事政策の国際的な現象であるが、この理由としては、まず不定期刑発祥の地であり、その実践に最も熱心であったアメリカで、左のような理論と実状分析のもと、不定期刑への批判・懐疑が高いという点である。

(イ)　不定期刑の最終目的であるパロール判定基準があいまいで、その手続も不適正であるため平等の原則に反する。

(ロ)　不定期刑の処遇効率が悪く処遇の個別化過程で個人へのパーソナリティや自由時間にまで干渉過剰となっており、自由の原則に反する。

わが国でもこうした批判は高く、不定期刑のほとんどが長期を基準として仮釈放が運用されているため、定期刑に比べて著しく不利な扱いにあり、教育技術や、より実証的な改善効果測定技術にも大きな進歩がみられぬため、不定期刑本来の狙い・妙味・特質が失われていることが論議されている。刑事政策的使命から考えれば、この可塑性に富む少年行刑への不定期運用から汲む改善効果を踏まえ、常習累犯者への不定期刑採用へと挑むものであったが、刑罰そのものの動的性格と幅の理論の検討、個人受刑者仮釈放にみる定期刑の不定期化という状況分析、不定期刑の執行主体である少年の決定的ともいえる欠如、さらには国際的指標として「若年被拘禁者の範ちゅうには、少なくとも、少年裁判所の管轄に属するすべての若年者を含ませるべきである。若年者には、原則として、拘禁刑を言い渡すべきでない」（被拘禁者処遇最低基準規則第五条⑵）との基準が是認されている段階からみて、少年刑務所は制度そのもの、および運用の両面から抜本的に洗い直さねばならない所にきている。遅ればせながらこの対応として、執行率の軽減、すなわち不定期執行の少年受刑者の早期に仮出獄が許される割合が若年増加をみせているが（昭和五二年度犯罪白書三〇六頁・不定期刑仮出獄の短期経過前・後の許可人員の比率、保護統計年報）、それには執行主体が余りにも僅少で、少年における不定期刑の主体・実体は施設での処遇単位を形成できぬ計数にまで立至っている。

おもうに、少年刑務所での受刑者処遇に準じた準少年という処遇対象が行刑内部にあって久しく（重松懲戒史七六九頁以下、同八九七頁以下）、戦後は、昭和二三年からG級（A級のうち二五歳未満のもの）、E級（G級のうちおおむね二三歳未満で、とくに少年に準じて処遇する必要のあるもの）の分類処遇対象として、昭和四七年からはYA・YBという対象で若年成人の処遇が定着してきており、これが少年刑務所の主体に取って替わっているのである。この実態を踏まえ、法務省は少年法改正案の青年層（青年刑務所）を構想として示している。これは制度を先取りしたものであるといわぬまでも、やはり大きく歪められ、代替せられている少年刑務所の現実、在り方を早急に検討し改善してゆかねばならぬとする切実な認識によるものである。

㈣　国際的な適正手続の洗礼と少年院運用方針変化

ところで「審判は、懇切を旨とし、なごやかに、これを行わなければならない。審判は、これを公開しない」という少年法第二二条の趣旨にそい、少年の犯罪・非行に対応、これが理想とする少年審判廷での理想の姿とされてきたのであるが、戦後の少年非行の第二から第三の波のピークにさしかかる頃、この審判方式を問い直す衝撃的事件がアメリカで連続して起こっている。それは一九六六年（昭和四一年）のケント事件、一九六七年（昭和四二年）のゴールト事件、一九七〇年（昭和四五年）のウインシップ事件、一九七一年（昭和四六年）のマッキーヴァー事件等である。これは少年とはいえ審判という厳格な司法機能を求める考えと柔軟性を求める少年の要保護性の考えとの衝突問題で、実際問題としては適正手続 due process が強調されたことである。

当時、わが国の少年法運用の現場の一つである少年院は、初等・中等・特別・医療の四種に分けられており、その理想的・効果的処遇は３Ｃ（ショート・ショック・シャープ）といわれ、収容期間は最長二年とされながらも運用はほぼ一年二ヶ月の仮退院となって運用が進められている。それは家庭裁判所の処遇勧告により目安がつけられているものの、少年院法第一一条第二項の収容期間・収容継続の判断は難しく慎重を要するので、

「具体的例に当たっては、在院者の性格、心身の疾病、行動の傾向、少年院で矯正すべき問題性の解消度、帰住先の環境状況等から総合的に判断され、弾力性ある判断が行われている。処遇の段階、矯正教育の進行状況、精神障害、保護状況、院内における反則行為等と心身の著しい故障及び犯罪的傾向の末、矯正という価値判断がどのように結びついているかは、具体的実例に即して考えられるべきものである(60)」

とあるごとく、個別的な処遇事情がさまざま考慮され判断されていた。

これら少年院の収容継続の期間、収容効用などを含め、アメリカでの国際的判例といえる適正手続問題はわが国の少年審判にも衝撃を与え、裁判所側として少年院運用方針についての再検討という形で波及している。そこでは、かつて少年院で展開された第一の波のピークでみられた集団逃走や施設の老朽化が指摘され、昭和三七年の『犯罪白書』でみる少年犯罪の激増と凶悪化が問題とされ、少年院の再収容率五四%、特に一六歳未満の初等少年院は五七・九%という高率などが指摘されたところである。昭和四五年の時点では学園紛争少年など異質な少年の存在も処遇を困難化し、少年院の逃走事犯の増加も問題とされていた。これは少年院送致は、当時余程の悪性ある少年でなければ送致されず、処遇困難少年の逃走という悪循環の傾向も起因しており、昭和四六年の時点で

は、年間取り扱い人員千分比の逃走率一四・二％で過去最高を示すなどの背景があったことも確かである。この間、少年院では交通関係短期処遇など工夫ある努力を試みているが、現場での処遇努力だけでは解決の糸口を見出すことは難しいものであった。この点につき、

家庭裁判所において少年の処遇決定に当たっても、このことを意識して「少年院送致」をためらわざるを得ない場合があり、裁判官も調査官も、この少年院の実情を考慮に入れて少年の処遇を検討せざるを得なかったのも事実である。つまり、理念としてあるべき少年院の姿と現実の少年院の姿との乖離に悩み、少年の処遇方法としては「在宅保護」は困難であることを感じながら、施設送致を躊躇せざるを得ない、という二律背反に苦しめられたのである（大塚雅彦『家庭裁判所から矯正教育者達へ』平尾靖・土持三郎「矯正教育学入門」二九〇頁所収）。

との記述もみられるが、裁判所側として保護処分としての少年院処遇への不信から、少年院への送致決定を極力避ける方針が採られ、全国的に少年院在院少年・少年刑務所在所少年の急激な減少をみるのである。このため序章においても触れたように、昭和四八年一一月二日には、法務省は矯正施設の適正配置計画を示し、施設の統廃合検討を指示（矯正甲第二三五六）、昭和四九年一一月八日にはこの計画にもとづく業務停止（矯総第二五〇三）の通達により、豊浦医療少年院の廃止、千葉星華学院・三重少年学院・岐阜少年院・千歳少年院の収容業務停止などの思い切った措置がとられ、少年院制度そのものの機能への厳しい評価、少年院存亡の岐路に立つ非常事態といえる危機的時期

を迎えている。

この措置は少年刑務所から医療少年院に指定替えとなっていた広い敷地の良環境をもつ新光学院も、昭和五六年に業務停止となっている。適正手続の問題が少年院の業務停止や廃止にまで及んだわけで、果たしてそこまでする必要があったものか、司法行政としてこれを長い眼でみる場合、少年の犯罪・非行には波があり、その処遇の器を、処遇の現場を保全するという考慮があって然るべきで、まことに残念に思われる措置であったと考えられる。

少年法改正要綱から今回の一部改正に至る経過　こうした情勢と併行して進行してゆくのが少年法改正の問題である。法務省でのこの改正作業は少年犯罪の動向から昭和三〇年代にわたりつづけられ、一九六六年（昭和四一年）『少年法改正に関する構想説明書』として公表され、つづいて一九七〇年『少年法改正要綱』が示されている。

この要綱は法制審議会少年法部会で討議されているが、年長少年の取り扱いについては格別異論のないところであるが、検察官関与・捜査機関による不送致処分については批判・反対の意見が強く、一九七五年（昭和五〇年）「中間報告に盛り込む事項」（少年部会長試案）ということでまとめ、一九七七年（昭和五二年）六月、法制審議会より法務大臣宛に『少年法の改正について』（中間報告）ということで答申している。その要点は左のとおりである。

①少年の権利の強化（防禦権の拡大、弁護士による国選付添人制度）

②一八歳以上の年長少年の事件については、一八歳未満の中間・年少少年の事件とは、ある程度異なる取り扱いをすること（重罪事件における検察官の審判出席権、検察官の抗告権）

③一定限度において捜査機関の不送致を認めること

④保護処分の多様化と弾力化をはかること(61)

この法務省が提示する改正構想の眼目は年長少年事件に対応した「青年層」を設定することにあり、現行少年法と対比して、付録㈠で掲げるつぎのような構想であった。

〔注〕

(1)『唐律疏議』禮の条。

(2)拙著『少年懲戒教育史』（第一法規、一九七六年）六頁。

(3)『吾妻鏡』四十三、建長五年二月二五日条。

(4)『徒然草』一三七段、『簾中抄』（後世・江戸時代の書）下巻。

(5)『南紀徳川史』、前掲書⑵三三頁。

(6)『江戸町中定』『御当家令条』第二六六。

(7)『徳川禁令考』『徳川禁令考後聚』『科條類典』。

(8)石井良助「日本刑罰史における人足寄場の地位」、『人足寄場史』（創文社、一九七四年）一三頁。

(9)委託勘当の初手《しょって》は房総稲毛の網元へ、二回目となれば銚子の網元へ預けられるなどの例をみる。拙著『江戸の犯罪白書』（ＰＨＰ研究所、一九八六年）四二頁。

(10)都錦『風流日本《やまと》荘子』巻之二、勘当の知恵袋の段、中田薫『徳川時代の文学に見えたる私法』

（岩波文庫、一九八四年）一七〇頁。

(11) 手塚豊『明治初期刑法史の研究』（慶応義塾大学法学研究会、一九五六年）六九頁。

(12) 平松義郎稿「刑罰の歴史（日本）」、『刑罰の理論と現実』（岩波書店、一九七二年）三六頁。

(13) 拙稿「人足寄場の創設と運営の史的実態——その構想と実践にみる伝統的牢制の修正」、『中央学院大学法学論叢』第一〇巻第二号（一九九七年）一〇〇頁、一〇一頁。拙著『鬼平・長谷川平蔵の生涯』（新人物往来社、一九九九年）一七九頁。

(14) 聖クラリッサ修道会 The Order of St. Clarissa での懲治場設置初期情況については、Spiegel, Alderman Jan Laurentszoon vant tuchthuis (1588)『懲治場の基礎についての考察』、Miracula San Raspini Redivivi (1612)『サン・ラスピニの奇蹟』といった文献がそれを伝える。

(15) Hippel, Beiträge zur Geschichte der Freiheitsstrafe (1892)『自由刑の歴史への寄与』、瀧川幸辰『刑法史の断面層』（一粒社、一九六三年）一二九頁以下。

(16) パウロ・ポーリッツ、東邦彦訳、重松一義解説『刑罰と犯罪』（日本行刑史研究会、一九七五年）、Paul Pollitz, Strafe und Verbrechen, Geschichte und Organisation des Gefängniswesens. (1910)、一七頁。

(17) ジョン・ハワード、湯浅猪平訳『監獄事情』（矯正協会、一九七二年）、THE STATE OF THE PRISONS BY JOHN HOWARD、一五一頁。

(18) 前掲書(17)二一三頁、三五五頁。

(19) トーステン・エリクソン、犯罪行動研究会訳『犯罪者処遇の改革者たち』（大成出版社、一九八〇年）、THE REFORMERS An Historical Survey of Pioneer Experiments in the Treatment of

Criminals by Torsten Erikson、一一三頁。
(20)　小川太郎『犯罪と自由刑』（一粒社、一九八〇年）五七頁。
(21)　Z. R. Brockway, The Reformatory System (1870). The New York Reformatory in Elmira by Alexande Winter (1891).
(22)　矯正資料館蔵『前橋監獄沿革誌』明治元年六月一七日・官員の項。
(23)　拙稿「維新期における青少年矯正の胎動」、雑誌『犯罪と非行』第一九号、一〇三頁以下。
(24)　拙著『近代監獄則の推移と解説』（北樹出版、一九七九年）五〇頁以下。
(25)　拙稿「わが国における幼年懲戒観念の変遷――近世から現在にいたる法制史的一考察」、雑誌『刑政』第八七巻二号（一九七六年）六六頁。
(26)　前掲書⑾六八頁、六九頁。
(27)　堀田正忠『刑法釈義』六七三頁。
(28)　『東京少年審判所十年史』（東京少年保護協会東京支部、一九三五年）、錦華学院蔵『教誨録事』、拙稿「感化院創業期における心学の役割」石門心学雑誌『こころ』第一九巻第三号（一九七三年）、前掲書⑵三三〇頁。
(29)　留岡清男「父留岡幸助」雑誌『刑政』第七三巻第三号（一九九〇年）。
(30)　東季彦訳『全訳獨逸民法』（有斐閣、一八九六年）四三六頁。
(31)　梅謙次郎『民法要義』巻四（一九〇〇年）三五五頁。
(32)　少年法施行六十周年記念出版『少年矯正の近代的展開』（矯正協会、一九八四年）二〇四頁。
(33)　前掲稿㉕六九頁。

(34) 小川太郎「小河滋次郎」雑誌『更生保護』第二六巻第三号（一九七〇年）四六頁。
(35) 第一四回帝国議会（明治三三年）衆議院・貴族院速記録。
(36) 前掲(35)速記録第一号・高須賀穣委員質疑、前掲書(2)三七八頁末尾所掲の第一次読会伊沢修二議員質疑、前掲書(2)一〇一五頁の私見。
(37) 拙著『刑事政策講義（改訂版）』（信山社、一九九〇年）二二一頁。
(38) 拙著『日本刑罰史年表』（雄山閣、一九七二年）一五二頁、一五三頁。
(39) 東京市養育院編『養育院六十年史』（一九三三年）四七六頁以下、五〇〇頁、井之頭学校の項。
(40) 前掲書(38)一六五頁、一六六頁、拙稿「伝記　少年行刑・少年感化の父――典獄早﨑春香の事蹟とその生涯」、雑誌『犯罪と非行』第一二号（一九七二年）。
(41) 刑務協会編『日本近世行刑史稿』下巻（一九四三年）前掲書(38)一六六頁。
(42) 本願寺（本派本願寺・大谷派）編『日本監獄教誨史』上巻・下巻（一九二七年）、京都監獄の項。
(43) 第二四議会（明治四一年三月一五日）委員会速記録、第一五号。
(44) 大久保利武『日本におけるベリー翁』（東京保護会、一九二九年）。拙稿「J・C・ベリー博士伝――明治初期・監獄改良の先駆的恩人」『中央学院大学人間・自然論叢』第十一号（二〇〇〇年）。
(45) 前掲稿(29)四四頁、前掲書(2)三六五頁。
(46) 『小河滋次郎著作選集』（筑摩書房）収録、杉山晴康「ある監獄学者の青春――若き日の小河滋次郎について」『早稲田法学』第五八巻第一号巻頭論文（一九八三年）、拙稿「青年期の日記『有終記』にみる小河滋次郎博士の面影」雑誌『創文』一三三号（一九七四年）一三頁以下。
(47) 『法学協会雑誌』第二五巻第九号（明治四〇年九月一〇日発行）、前掲書(2)五七九頁以下。

(48)　第二四回帝国議会（明治四一年三月一五日）の感化法中改正法律案、衆議院議事速記録、第一五号。
(49)　前掲書(28)一七頁、前掲書(2)五九八頁。
(50)　前掲書(32)二七四頁、明治四五年一月二三日『法律取調委員会日誌』第三号。
(51)　前掲書(32)二七五頁、明治四五年二月九日『少年犯罪ニ関スル法律案特別委員会日誌』第一回。
(52)　前掲書(32)二七五頁、大正二年一二月二五日『少年犯罪ニ関スル法律案特別委員会日誌』第二回。
(53)　大阪社会事業連盟発行雑誌『救済研究』第八巻第一号、五頁以下（大正三年一月刊）。
(54)　前掲書(32)三一五頁。
(55)　前掲書(25)六九頁。
(56)　司法保護協会編『司法保護事業年鑑』（一九四〇年）、司法大臣官房保護課『司法一覧』（一九四三年）、少年保護団体名とその保護活動の情況は前掲書(32)四三一頁以下に所掲、『司法保護の回顧』森山武市郎先生顕彰録（日本更生保護協会、一九六九年）。
(57)　前掲書(2)八七五頁。
(58)　団藤重光・森田宗一『少年法』ポケット註釈全書（新版第二版）（有斐閣、一九八四年）三頁、四頁。
(59)　司法研修所編『少年法概説』三訂版（法曹会、一九六九年）一頁、二六頁、四〇頁。
(60)　法務省矯正研修所編『教材少年院法』（一九七八年）一九三頁。拙稿「少年警察・少年補導センターの運用経過と現状所見——望みたいセツルメント的性格と矯正保護への接近」、雑誌『公聴』第二八号（一九七五年）。拙稿「非行少年鑑別の法制化とその課題」、『中央学院大学総合科学研究所研究年報No.１　現代の諸問題とその分析』（一九八八年）所掲、拙稿「少年院の実態と少年法」、雑誌『法と政策』（第一法規、一九八二年）八月号。

（61）　法曹公論社編『青年層――少年法改正の背景と問題点』法曹公論社、守屋克彦『少年の非行と教育』（勁草書房、一九七六年）、拙編『少年法演習』（新有堂、一九八一年）、森本益之・瀬川晃・上田寛・三宅孝之共著『刑事政策講義（第二版）』（有斐閣、一九九四年）一八〇頁。

付録 (一)

少年法改正要綱の概要

	年令区分等	捜査に関する手続
	一八歳未満 ／ 二〇歳未満 ／ 二二歳未満程度 ／ 二二歳程度以上	
現行少年法	少年（保護処分優先）〔一八歳未満・二〇歳未満〕 成人（刑事処分）〔二二歳未満程度・二二歳程度以上〕 少年法	少年の非行（犯罪）事件（家庭裁判所先議）……全事件を自ら調査し処分を決定 （家裁の処分） 審査不開始・不処分 保護処分 検察官送致（検察官は公訴提起を強制される）
青少年法の構想 (一)	少年（保護処分優先）〔一八歳未満〕 青年（保護処分・刑事処分の調和）〔二〇歳未満・二二歳未満程度〕 成人（刑事処分）〔二二歳程度以上〕 青少年法	少年の非行（犯罪）事件 現行少年法どおり 青年の犯罪事件（検察官先議）……原則として刑事訴訟法による （検察官の処分） 公訴提起 保護処分の請求 不起訴（起訴猶予を含む）
別案の構想 (二)	少年（保護処分優先）〔一八歳未満〕 青年（保護処分・刑事処分の調和）〔二〇歳未満〕 成人（刑事処分）〔二二歳未満程度・二二歳程度以上〕 別　案	少年の非行（犯罪）事件(一)に同じ 青年の犯罪事件（検察官先議）……刑事訴訟法による （検察官の処分） 公訴処分 起訴猶予に対して保護処分請求 不起訴（起訴猶予を含む）

裁判所の管轄		家庭裁判所の審判に関する手続				
家庭裁判所	刑事裁判所	意見陳述	付添人	ぐ犯	処分の種類と効力	不服申立
少年の保護事件 成人の刑事事件（一部）	少年 成人｝の刑事事件	保護者・付添人・調査官・保護観察官・保護司・法務技官・法務教官 （裁判官の許可を要す）	私選だけ	認める	審判不開始 不処分 保護処分（一事不再理） 検察官送致	少年の側だけ
少年 青年｝の保護事件	少年 青年 成人｝の刑事事件	検察官（司法警察員）を追加する 〔方法〕｛少年…適宜の方法 青年…審判に立会	国選も認める（少年・青年とも）	少年は認める。青年は認めない	少年……現行少年法どおり（なお、審判不開始・不処分にも一事不再理の効力を認める） 青年……｛保護処分 請求棄却（理由が刑事処分相当の場合以外は一事不再理）	検察官（司法警察員）にも認める
㈠に同じ		㈠に同じ	㈠に同じ	㈠に同じ	少年……㈠に同じ 青年……｛保護処分 請求棄却	㈠に同じ

刑事裁判所の裁判手続		原則として刑事訴訟法による（保護処分を相当として事件を家庭裁判所へ移送できる）	少年／青年｝現行少年法どおり	少年…現行少年法どおり 青年…刑事訴訟法による（家庭裁判所への移送は認めない）
保護処分	種類	①保護観察 ②教護院・養護施設送致 ③少年院送致	右①②のほか、③訓戒、④誓約書徴取、⑤保護者引渡、⑥定期出頭命令、⑦受講命令、⑧短期補導、⑨住居指定、⑩短期補導院送致、⑪少年補導院送致、⑫青年補導員送致を新設する。	①ないし⑪は㈠に同じ（ただし③④⑤⑩は少年のみに適用　⑫は設けない）
	処分の併科	（なし）	認める	㈠に同じ
	取消・変更	（なし）	認める（刑事処分への変更は認めない）	㈠に同じ（刑事処分へ変更する場合がある）
	期間延長	（なし）	認める	㈠に同じ
	仮退院者の戻し収容	地方更正保護委員会の申請により、少年院送致決定をした家庭裁判所が審理決定	地方更正保護委員会が決定	㈠に同じ
	その他		仮退院者の保護観察は最低六か月とし居住指定を付加できる 退院者にも補導援護ができる	㈠に同じ

刑事処分	刑の緩和	（あり）	現行少年法どおり	㈠に同じ
	不定期刑	（あり）	青年にも不定期刑を科す	青年には定期刑又は不定期刑を選択する
	労役場留置	認めない	短期教育施設収容を認める	㈠に同じ
	その他	仮出獄の条件緩和・期間終了人の資格制限等に関する特則あり	青年にも右特則を認める 仮出獄者の保護観察は最低六か月とし居住指定を付加できる	㈠に同じ
その他	調査期間	家庭裁判所調査官（主に社会調査） 少年鑑別所（主に資質鑑別）等	独立の総合的調査機関を設ける	㈠に同じ（または検察庁等の調査機能を充実・強化するほか現行制度どおりとする
	記事等の掲載禁止	（あり）	青年についても適用する	少年だけに適用する。

法曹公論社編『青年層』——少年法改正の背景と問題点——（昭和四五年・法曹公論社刊）

付録㈡〈現行少年法への略系図〉

時代特色	法制	学制・家族法制・外国法制	拘禁懲戒を主とした懲戒法制略系	備考
六〇四推古一二	十七条憲法		第六条「悪を懲らし善を勧めるは古の良典なり」	
七一八養老	養老律令	決罰（令義解）		一六歳以下幼年・七歳以下刑を科せず
一〇〇八寛弘五	（西宮記）			一七歳まで幼年扱
一二五三建長五	（吾妻鏡）	親の義絶権	一二三二貞永元年「貞永式目」喧嘩両成敗・縁坐法	幼童の成敗は律令に従う
一三四一暦応四	（斑鳩嘉元記）			幼童の刃傷に刑を加えず
一五二六大永六	今川仮名目録		今川仮名目録は親の監護義務（制止義務）と罰則を設ける	一五歳以下を幼年者扱
一五四七天文一六	武田信玄家法	一五九五アムステルダム懲治場		一三歳以下を幼年者扱
一六五五明暦元	江戸町中定			一三歳以下を幼年者扱
一六六〇万治二	紀州藩父母帖		紀州藩初代藩主徳川頼宣、教令「父母帖」を町在郷へ頒布	
一七二三享保八	御用覚帳書抜	一七〇三ローマの聖ミカエル感化監		一五歳以下の幼年の刑を軽減
一七四二寛保二	公事方御定書	勘当 寺子屋仕置	第七九条「子心にて無弁、人を殺候もの拾五歳迄親族え預置、遠島」	遠島は主として江戸に近い伊豆新島
赦《しゃ》宥《ゆう》の思想（見懲りの思想から赦の思想へ）			一七七八　安永七年佐州水替人足の制はじまる	
			一七九〇　寛政二年石川島人足寄場設けられる	
			一八三八　天保九年　熊本藩一五歳未満の盗犯に限り笞刑・贖を廃止、「刑場叱り」とする	
			一八五四　安政元年　白糠炭山役夫として親の願による幼年懲治人をも送る	
一八六二文久二	教律			

（幕末維新期）			関東取締出役の組合村囲補理場・山口藩思案固屋（懲牢舎）、甲府教養院・静岡改心所
体験的予戒的懲治思想			
一八六八明治元	仮戒律		律令に倣う。但し一五歳以下を幼年扱
一八七〇明治三	新律綱領		律令に倣う。但し一五歳以下を幼年扱
一八七二明治五	監獄則		
一八七三明治六	改定律例		一五歳以下を幼年扱
一八八〇明治一三	刑法	明治一二教育令体罰禁止	一二歳未満を不論罪、二〇歳まで宥恕軽減
一八八一明治一四	改正監獄則		懲治処分
			幼年囚の監房別異法定
			統計上、幼者・瘖唖者の区分
一八八九明治二二	改正監獄則		
一九〇〇明治三三	感化法	明治三一民法八二八条「父母ハ裁判所ノ許可ヲ得テ子ヲ懲戒場ヘ」	監獄が司法省の所轄に移り、全国の懲治人教育が統一せられる
西欧国親思想（労作学校・農本主義の洗礼）			
一九〇二明治三五	（特設監）		浦和監獄川越支署を一六歳未満の男懲治人・幼年囚の特設監（集禁場）とする
一九〇七明治四〇	刑法改正		懲治処分廃止・一四歳未満の行為罰せず
一九〇八明治四一	刑法・監獄法施行		
少年に対する裁判主義・行政権主義が対立論争（花井卓蔵・床次竹二郎）			
一九二二大正一一	少年法・矯正院法		一八歳以下を少年扱 少年に不定期刑適用
一九三三昭和八	少年教護法		一六歳未満には死刑・無期刑不科 監獄法第二条の少年監獄規定廃条

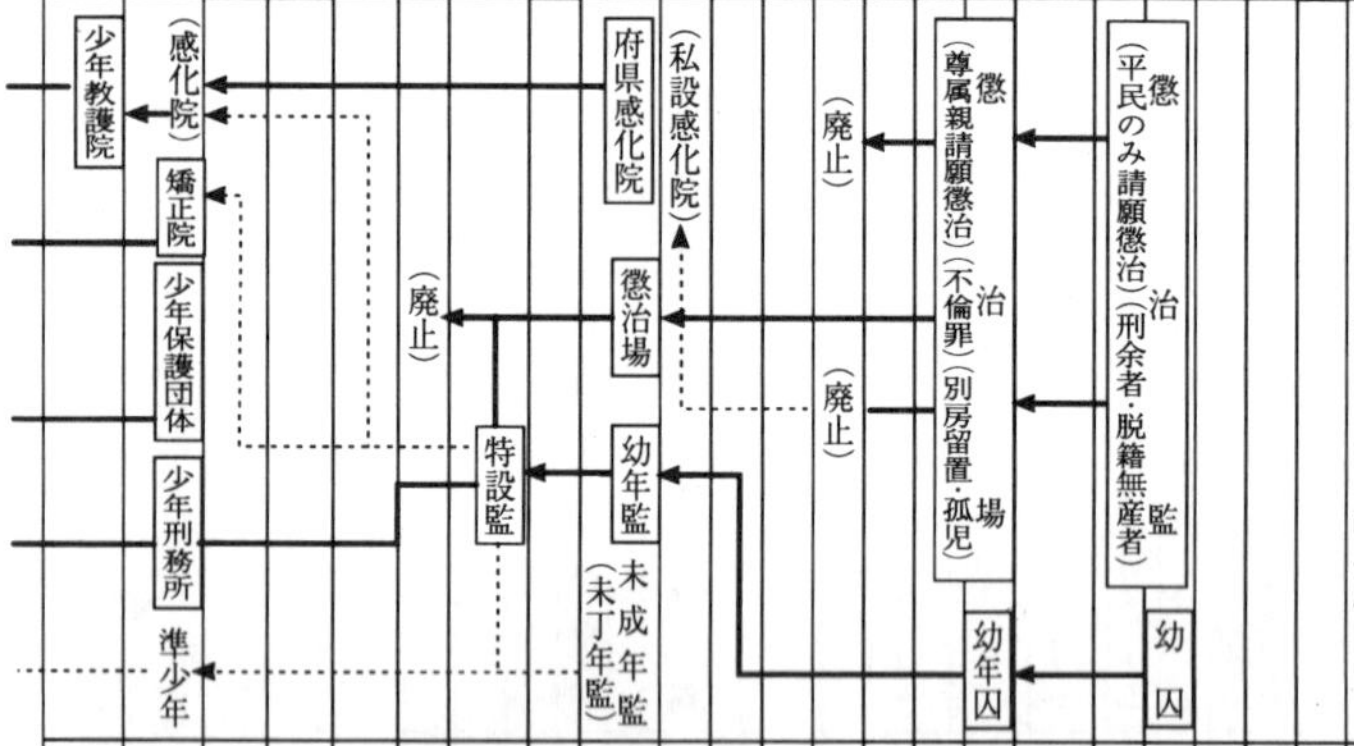

一九三三昭和八	少年行刑教育令		
少年行刑全盛期（教育刑）			準少年の訓令（大正11・6行中九三三一）
一九四七昭和二二	児童福祉法	教護院	
一九四八昭和二三	新少年法・矯正院法	少年院 （廃止） D級 E・C級	二〇歳以下を少年扱 一八歳未満死刑・無期刑緩和 一六歳未満の検察官不送致
少年矯正の非刑罰化・処遇の多様化（社会内処遇）		児童自立支援施設 J級 Y級	青年受刑者（Y級）という分類概念明確化

付録㈢

A　旧少年法関係法規

旧少年法
矯正院法
矯正院処遇規程
少年教護法
少年教護法処遇細則

B　現行少年法関係法規

少年審判規則
少年法
少年の保護事件に係る補償に関する法律

児童自立支援私設の関係法

感化法に代わり少年教護法（一九三三年法律第五五号）となり、平成九年六月四日法律七四号（平成一〇年四月一日施行）児童福祉法の一部改正により「児童自立支援施設」と呼ばれることになる。これにより、

旧法第四四条　教護院は、不良行為をなし、又はなす虞のある児童を入院させて、

これを教護することを目的とする。

新法第四四条　児童自立支援施設は、不良行為をなし、又はなすおそれのある児童及び家庭環境その他の環境上の理由により生活指導等を要する児童を入所させ、又は保護者の下から通わせて、個々の児童の状況に応じて必要な指導を行い、その自立を支援することを目的とする施設とする。

と名称・業務内容が改訂せられた。

A　旧少年法関係参考法規

少年法（大正一一年四月一七日 法律第四二号）

第一章　通則

第一条【少年法の意義】 本法ニ於テ少年ト称スルハ一八歳ニ満タサル者ヲ謂フ

第二条【刑事処分】 少年ノ刑事処分ニ関スル事項ハ本法ニ定ムルモノノ外一般ノ例ニ依ル

第三条【軍人軍属の除外】 本法ハ第七条、第八条、第一〇条乃至第一四条ノ規定ヲ除クノ外陸軍刑法第八条、第九条及海軍刑法第八条、第九条ニ掲ケタル者ニ之ヲ適用セス

第二章　保護処分

第四条【保護処分】 ① 刑罰法令ニ触ルル行為ヲ為シ又ハ刑罰法令ニ触ルル行為ヲ為ス虞アル少年ニ対シテハ左ノ処分ヲ為スコトヲ得

一　訓誡ヲ加フルコト

二　学校長ノ訓誡ニ委ヌルコト

三　書面ヲ以テ改心ノ誓約ヲ為サシムルコト

四　条件ヲ附シテ保護者ニ引渡スコト

五　寺院、教会、保護団体又ハ適当ナル者ニ委託スルコト
六　少年保護司ノ観察ニ付スルコト
七　感化院ニ送致スルコト
八　矯正院ニ送致スルコト
九　病院ニ送致又ハ委託スルコト
前項各号ノ処分ハ適宜併セテ之ヲ為スコトヲ得

第五条【処分の継続及び取消変更】　前条第一項第五号乃至第九号ノ処分ハ二三歳ニ至ル迄其ノ執行ヲ継続シ又ハ其ノ執行ノ継続中何時ニテモ之ヲ取消シ若ハ変更スルコトヲ得

第六条【執行猶予・仮出獄中の保護】　少年ニシテ刑ノ執行猶予ノ言渡ヲ受ケ又ハ仮出獄ヲ許サレタル者ハ猶予又ハ仮出獄ノ期間内少年保護司ノ観察ニ付ス
前項ノ場合ニ於テ必要アルトキハ第四条第一項第四号、第五号、第七号乃至第九号ノ処分ヲ為スコトヲ得
前項ノ規定ニ依リ第四条第一項第七号又ハ第八号ノ処分ヲ為シタルトキハ其ノ執行ノ継続中少年保護司ノ観察ヲ停止ス

第二章　刑事処分

第七条【科刑の制限】　①　罪ヲ犯ス時一六歳ニ満タサル者ニハ死刑及無期刑ヲ科セス
死刑又ハ無期刑ヲ以テ処断スヘキトキハ一〇年以上一五年以下ニ於テ懲役又ハ禁錮ヲ科ス
刑法第七三条、第七五条又ハ第二〇〇条ノ罪ヲ犯シタル者ニハ前項ノ規定ヲ適用セス

第八条【相対的不定期刑】① 少年ニ対シ長期三年以上ノ有期ノ懲役又ハ禁錮ヲ以テ処断スヘキトキハ其ノ刑ノ範囲内ニ於テ短期ト長期トヲ定メ之ヲ言渡ス但シ短期五年ヲ超ユル刑ヲ以テ処断スヘキトキハ短期ヲ五年ニ短縮ス

前項ノ規定ニ依リ言渡スヘキ刑ノ短期ハ五年長期ハ一〇年ヲ超ユルコトヲ得ス

刑ノ執行猶予ノ言渡ヲ為スヘキ場合ニハ前二項ノ規定ヲ適用セス

第九条【自由刑の執行】① 懲役又ハ禁錮ノ言渡ヲ受ケタル少年ニ対シテハ特ニ設ケタル監獄又ハ監獄内ノ特ニ分界ヲ設ケタル場所ニ於テ其ノ刑ヲ執行ス

本人十八歳ニ達シタル後ト雖二三歳ニ至ル迄ハ前項ノ規定ニ依リ執行ヲ継続スルコトヲ得

第一〇条【仮出獄の条件】 少年ニシテ懲役又ハ禁錮ノ言渡ヲ受ケタル者ニハ左ノ期間ヲ経過シタル後仮出獄ヲ許スコトヲ得

一 無期刑ニ付テハ七年

二 第七条第一項ノ規定ニ依リ言渡シタル刑ニ付テハ三年

三 第八条第一項及第二項ノ規定ニ依リ言渡シタル刑ニ付テハ其ノ刑ノ短期ノ三分ノ一

第一一条【仮出獄の期間】 少年ニシテ無期刑ノ言渡ヲ受ケタル者仮出獄ヲ許サレタル後其ノ処分ヲ取消サルルコトナクシテ一〇年ヲ経過シタルトキハ刑ノ執行ヲ終リタルモノトス

少年ニシテ第七条第一項又ハ第八条第一項及第二項ノ規定ニ依リ刑ノ言渡ヲ受ケタル者仮出獄ヲ許サレタル後其ノ処分ヲ取消サルルコトナクシテ仮出獄前ニ刑ノ執行ヲ為シタルト同一ノ期間ヲ経過シタルトキ亦前項ニ同シ

第一二条【仮出獄の規程】 少年ノ仮出獄ニ関スル規程ハ命令ヲ以テ之ヲ定ム
第一三条【労役場留置】 少年ニ対シテハ労役場留置ノ言渡ヲ為サス
第一四条【資格に関する法令】 少年ノ時犯シタル罪ニ因リ死刑又ハ無期刑ニ非サル刑ニ処セラレタル者ニシテ其ノ執行ヲ終ヘ又ハ執行免除ヲ受ケタルモノハ人ノ資格ニ関スル法令ノ適用ニ付テハ将来ニ向テ刑ノ言渡ヲ受ケサリシモノト看做ス
少年ノ時犯シタル罪ニ付刑ニ処セラレタル者ニシテ刑ノ執行猶予ノ言渡ヲ受ケタルモノハ其ノ猶予期間中刑ノ執行ヲ終ヘタルモノト看做シ前項ノ規定ヲ適用ス
前項ノ場合ニ於テ刑ノ執行猶予ノ言渡ヲ取消サレタルトキハ人ノ資格ニ関スル法令ノ適用ニ付テハ其ノ取消サレタル時刑ノ言渡アリタルモノト看做ス

第四章　少年審判所ノ組織

第一五条【目的】 少年ニ対シ保護処分ヲ為ス為少年審判所ヲ置ク
第一六条【規程】 少年審判所ノ設立、廃止及管轄ニ関スル規程ハ勅令ヲ以テ之ヲ定ム
第一七条【監督】 少年審判所ハ司法大臣ノ監督ニ属ス
司法大臣ハ控訴院長及地方裁判所長ニ少年審判所ノ監督ヲ命スルコトヲ得
第一八条【職員】 少年審判所ニ少年審判官、少年保護司及書記ヲ置ク
第一九条【単独制審判】 少年審判官ハ単独ニテ審判ヲ為ス
第二〇条【行政事務】 少年審判官ハ少年審判所ノ事務ヲ管理シ所部ノ職員ヲ監督ス

二人以上ノ少年審判官ヲ置キタル少年審判所ニ於テハ上席者前項ノ規定ニ依ル職務ヲ行フ

第二一条【少年審判官の資格】 少年審判官ハ判事ヲシテ之ヲ兼ネシムルコトヲ得

判事タル資格ヲ有スル少年審判官ハ判事ヲ兼ヌルコトヲ得

第二二条【回避】 少年審判官審判ノ公平ニ付嫌疑ヲ生スヘキ事由アリト思料スルトキハ職務ノ執行ヲ避クヘシ

第二三条【少年保護司】 少年保護司ハ少年審判官ヲ輔佐シテ審判ノ資料ヲ供シ観察事務ヲ掌ル

少年保護司ハ少年ノ保護又ハ教育ニ経験ヲ有スル者其ノ他適当ナル者ニ対シ司法大臣之ヲ嘱託スルコトヲ得

第二四条【書記】 書記ハ上司ノ指揮ヲ承ケ審判ニ関スル書類ノ調製ヲ掌リ庶務ニ従事ス

第二五条【補助の請求】 少年審判所及少年保護司ハ其ノ職務ヲ行フニ付公務所又ハ公務員ニ対シ嘱託ヲ為シ其ノ他必要ナル補助ヲ求ムルコトヲ得

第五章　少年審判所の手続

第二六条【審判権の除外】 大審院ノ特別権限ニ属スル罪ヲ犯シタル者ハ少年審判所ノ審判ニ付セス

第二七条【同前】 左ニ記載シタル裁判所又ハ検事ヨリ送致ヲ受ケタル場合ヲ除クノ外少年審判所ノ審判ニ付セス

一　死刑、無期又ハ短期三年以上ノ懲役若ハ禁錮ニ該ルヘキ罪ヲ犯シタル者

二　一六歳以上ニシテ罪ヲ犯シタル者

第二八条【同前】 刑事手続ニ依リ審理中ノ者ハ少年審判所ノ審判ニ付セス

十四歳ニ満タサル者ハ地方長官ヨリ送致ヲ受ケタル場合ヲ除クノ外少年審判所ノ審判ニ付セス

第二九条【通告義務】 少年審判所ニ於テ保護処分ヲ為スヘキ少年アルコトヲ認知シタル者ハ之ヲ少年審判所又ハ其ノ職員ニ通告スヘシ

第三〇条【通告手続】 通告ヲ為スニハ其ノ事由ヲ開示シ成ルヘク本人及其ノ保護者ノ氏名、住所、年齢、職業、性行等ヲ申立テ且参考ト為ルヘキ資料ヲ差出スヘシ

通告ハ書面又ハ口頭ヲ以テ之ヲ為スコトヲ得口頭ノ通告アリタル場合ニ於テハ少年審判所ノ職員其ノ申立ヲ録取スヘシ

第三一条【事件関係及び身上の調査】 少年審判所審判ニ付スヘキ少年アリト思料シタルトキハ事件ノ関係及本人ノ性行、境遇、経歴、心身ノ状況、教育ノ程度等ヲ調査スヘシ

心身ノ状況ニ付テハ成ルヘク医師ヲシテ診察ヲ為サシムヘシ

第三二条【保護司による調査】 ① 少年審判所ハ少年保護司ニ命シテ必要ナル調査ヲ為サシムヘシ

第三三条【保護者・保護団体による事実の取調】 少年審判所ハ事実ノ取調ヲ保護者ニ命シ又ハ之ヲ保護団体ニ委託スルコトヲ得

第三四条【参考人】 少年審判所ハ参考人ニ出頭ヲ命シ調査ノ為必要ナル事実ノ供述又ハ鑑定ヲ為サシムルコトヲ得

保護者及保護団体ハ参考ト為ルヘキ資料ヲ差出スコトヲ得

前項ノ場合ニ於テ必要ト認ムルトキハ供述又ハ鑑定ノ要領ヲ録取スヘシ

第三五条【参考人の費用請求】 参考人ハ命令ノ定ムル所ニ依リ費用ヲ請求スルコトヲ得

第三六条【本人の同行】 少年審判所ハ必要ニ依リ何時ニテモ少年保護司ヲシテ本人ヲ同行セシムルコトヲ得

第三七条【仮処分】 少年審判所ハ事情ニ従ヒ本人ニ対シ仮ニ左ノ処分ヲ為スコトヲ得

一 条件ヲ付シ又ハ附セスシテ保護者ニ預クルコト

二 寺院、教会、保護団体又ハ適当ナル者ニ委託スルコト

三 病院ニ委託スルコト

四 少年保護司ノ観察ニ付スルコト

已ムコトヲ得サル場合ニ於テハ本人ヲ仮ニ感化院又ハ矯正院ニ委託スルコトヲ得

第一項第一号乃至第三号ノ処分アリタルトキハ本人ヲ少年保護司ノ観察ニ付ス

第三八条【仮処分の取消変更】 前条ノ処分ハ何時ニテモ之ヲ取消シ又ハ変更スルコトヲ得

第三九条【前三条の通知】 前三条ノ場合ニ於テハ速ニ其ノ旨ヲ保護者ニ通知スヘシ

第四〇条【審判の開始】 少年審判所調査ノ結果ニ因リ審判ヲ開始スヘキモノト思料シタルトキハ審判期日ヲ定ムヘシ

第四一条【仮処分の取消】 審判ヲ開始セサル場合ニ於テハ第三十七条ノ処分ハ之ヲ取消スヘシ

第三十九条ノ規定ハ前項ノ場合ニ之ヲ準用ス

第四二条【付添人】 少年審判所審判ヲ開始スル場合ニ於テ必要アルトキハ本人ノ為附添人ヲ附スルコトヲ得

本人、保護者又ハ保護団体ハ少年審判所ノ許可ヲ受ケ附添人ヲ選任スルコトヲ得

附添人ハ弁護士、保護事業ニ従事スル者ハ少年審判所ノ許可ヲ受ケタル者ヲ以テ之ニ充ツヘシ

第四三条【審判期日】 審判期日ニハ少年審判官及書記出席スヘシ

少年保護司ハ審判期日ニ出席スルコトヲ得

審判期日ニハ本人、保護者及附添人ヲ呼出スヘシ但シ実益ナシト認ムルトキハ保護者ハ之ヲ呼出ササルコトヲ得

第四四条【意見の陳述】 少年保護司、保護者及附添人ハ審判ノ席ニ於テ意見ヲ陳述スルコトヲ得

前項ノ場合ニ於テハ本人ヲ退席セシムヘシ但シ相当ノ事由アルトキハ本人ヲ在席セシムルコトヲ得

第四五条【審判の秘行】 審判ハ之ヲ公行セス但シ少年審判所ハ本人ノ親族、保護事業ニ従事スル者其ノ他相当ト認ムル者ニ在席ヲ許スコトヲ得

第四六条【終結処分】 少年審判所審理ヲ終ヘタルトキハ第四七条乃至第五四条ノ規定ニ依リ終結処分ヲ為スヘシ

第四七条【検察官への送致】 刑事訴追ノ必要アリト認メタルトキハ事件ヲ管轄裁判所ノ検事ニ送致スヘシ

裁判所又ハ検事ヨリ送致ヲ受ケタル事件ニ付新ナル事実ノ発見ニ因リ刑事訴追ノ必要アリト認メタルトキハ管轄裁判所ノ検事ノ意見ヲ聴キ前項ノ手続ヲ為スヘシ

前二項ノ規定ニ依ル処分ヲ為シタルトキハ其ノ旨ヲ本人及保護者ニ通知スヘシ

検事ハ第一項又ハ第二項ノ規定ニ依リ送致ヲ受ケタル事件ニ付為シタル処分ヲ少年審判所ニ通知スヘシ

第四八条【訓誡】 ① 訓誡ヲ加フヘキモノト認メタルトキハ本人ニ対シ其ノ非行ヲ指摘シ将来遵守スヘキ事項ヲ諭告スヘシ

前項ノ場合ニ於テハ成ルヘク保護者及附添人ヲシテ立会ハシムヘシ

第四九条【学校長の訓誡】 学校長ノ訓誡ニ委スヘキモノト認メタルトキハ学校長ニ対シ必要ナル事項ヲ指示シ本人ニ訓誡を加フヘキ旨ヲ告知スヘシ

第五〇条【改心の誓約】 改心ノ誓約ヲ為サシムヘキモノト認メタルトキハ本人ヲシテ誓約書ヲ差出サシムヘシ

前項ノ場合ニ於テハ成ルヘク保護者ヲシテ立会ハシメ且誓約書ニ連署セシムヘシ

第五一条【条件付保護者引渡】 条件ヲ附シテ保護者ニ引渡スヘキモノト認メタルトキハ保護者ニ対シ本人ノ保護監督ニ付必要ナル条件ヲ指示シ本人ヲ引渡スヘシ

第五二条【保護団体等委託】 寺院、教会、保護団体又ハ適当ナル者ニ委託スヘキモノト認メタルトキハ委託ヲ受クヘキ者ニ対シ本人ノ処遇ニ付参考ト為ルヘキ事項ヲ指示シ保護監督ノ任務ヲ委嘱スヘシ

第五三条【保護司の観察】 少年保護司ノ観察ニ付スヘキモノト認メタルトキハ少年保護司ニ対シ本人ノ保護監督ニ付必要ナル事項ヲ指示シ観察ニ付スヘシ

第五四条【矯正院等送致】 感化院、矯正院又ハ病院ニ送致又ハ委託スヘキモノト認メタルトキハ其ノ長ニ対シ本人ノ処遇ニ付参考ト為ルヘキ事項ヲ指示シ本人ヲ引渡スヘシ

第五五条【虞犯少年の処分と保護者の承諾】 刑罰法令ニ触ルル行為ヲ為ス虞アル少年ニ対シ前三条ノ処分ヲ為ス場合ニ於テ適当ナル親権者、後見人、戸主其ノ他ノ保護者アルトキハ其ノ承諾ヲ経ヘシ

第五六条【審判始末書】 少年審判所ノ審判ニ付テハ始末書ヲ作リ審判ヲ経タル事件及終結処分ヲ明確ニシ其ノ他必要ト認メタル事項ヲ記載スヘシ

第五七条【成績報告】 少年審判所第四八条乃至第五二条及第五四条ノ規定ニ依ル処分ヲ為シタルトキハ保護者、学校長、受託者又ハ感化院、矯正院若ハ病院ノ長ニ対シ成績報告ヲ求ムルコトヲ得

第五八条【保護司の視察指示】 少年審判所第五一条第五二条ノ規定ニ依ル処分ヲ為シタルトキハ少年保護司

ヲシテ其ノ成績ヲ視察シ適当ナル指示ヲ為サシムルコトヲ得

第五九条【処分の取消】 少年審判所第四八条乃至第五四条ノ規定ニ依ル処分ヲ為シタル後審判ヲ経タル事件第二六条又ハ第二七条第一号ニ記載シタルモノナルコトヲ発見シタルトキハ裁判所又ハ検事ヨリ送致ヲ受ケタル場合ト雖管轄裁判所ノ検事ノ意見ヲ聴キ処分ヲ取消シ事件ヲ検事ニ送致スヘシ

禁錮以上ノ刑ニ該ル罪ヲ犯シタル者ニ付第四条第一項第七号又ハ第八号ノ処分ヲ継続スルニ適セサル事情アリト認メタルトキ亦前項ニ同シ

第六〇条【委託費用の給付】 少年審判所本人ヲ寺院、教会、保護団体若ハ適当ナル者ニ委託シ又ハ病院ニ送致若ハ委託シタルトキハ委託又ハ送致ヲ受ケタル者ニ対シ之ニ因リ生シタル費用ノ全部又ハ一部ヲ給付スルコトヲ得

第六一条【費用徴収】 第三五条及前条ノ費用並矯正院ニ於テ生シタル費用ハ少年審判所ノ命令ニ依リ本人又ハ本人ヲ扶養スル義務アル者ヨリ全部又ハ一部ヲ徴収スルコトヲ得

前項費用ノ徴収ニ付テハ非訟事件手続法第二〇八条ノ規定ヲ準用ス

第六章　裁判所ノ刑事手続

第六二条【検察官の送致】 検事少年ニ対スル刑事事件ニ付第四条ノ処分ヲ為スヲ相当ト思料シタルトキハ事件ヲ少年審判所ニ送致スヘシ

第六三条【保護処分と一事不再理】 第四条ノ処分ヲ受ケタル少年ニ対シテハ審判ヲ経タル事件又ハ之ヨリ軽キ刑ニ該ルヘキ事件ニシテ処分前ニ犯シタルモノニ付刑事訴追ヲ為スコトヲ得ス但シ第五九条ノ規定ニ依リ

処分ヲ取消シタル場合ハ此ノ限ニ在ラス

第六四条【調査】 少年ニ対スル刑事事件ニ付テハ第三一条ノ調査ヲ為スヘシ
少年ノ身上ニ関スル事項ノ調査ハ少年保護司ニ嘱託シテ之ヲ為サシムルコトヲ得

第六五条【期日前の調査】 裁判所ハ公判期日前前条ノ調査ヲ為シ又ハ受命判事ヲシテ之ヲ為サシムルコトヲ得

第六六条【仮処分】 裁判所又ハ予審判事ハ職権ヲ以テ又ハ検事ノ申立ニ因リ第三七条ノ規定ニ依ル処分ヲ為スコトヲ得
第三八条及第三九条ノ規定ハ前項ノ場合ニ之ヲ準用ス

第六七条【勾留の特例】 勾留状ハ已ムコトヲ得サル場合ニ非サレハ少年ニ対シテ之ヲ発スルコトヲ得ス
拘置監ニ於テハ特別ノ事由アル場合ヲ除クノ外少年ヲ独居セシムヘシ

第六八条【身柄の分離】 少年ノ被告人ハ他ノ被告人ト分離シ其ノ接触ヲ避ケシムヘシ

第六九条【手続の分離】 少年ニ対スル被告事件ハ他ノ被告事件ト牽連スル場合ト雖審理ニ妨ナキ限リ其ノ手続ヲ分離スヘシ

第七〇条【一時退廷】 裁判所ハ事情ニ依リ公判中一時少年ノ被告人ヲ退廷セシムルコトヲ得

第七一条【裁判所の送致】 第一審裁判所又ハ控訴裁判所審理ノ結果ニ因リ被告人ニ対シ第四条ノ処分ヲ為スヲ相当ト認メタルトキハ少年審判所ニ送致スル旨ノ決定ヲ為スヘシ
検事ハ前項ノ決定ニ対シ三日内ニ抗告ヲ為スコトヲ得

第七二条【仮処分の失効】 第六十六条ノ処分ハ事件ヲ終局セシムル裁判ノ確定ニ因リ其ノ効力ヲ失フ

第七三条【準用規定】 第四二条、第四三条第二項第三項及第四四条ノ規定ハ公判ノ手続ニ第六条及第六一条ノ規定ハ予審又ハ公判ノ手続ニ之ヲ準用ス

第七章　罰則

第七四条【出版物掲載禁止】 少年審判所ノ審判ニ付セラレタル事項又ハ少年ニ対スル刑事事件ニ付予審又ハ公判ニ付セラレタル事項ハ之ヲ新聞紙其ノ他ノ出版物ニ掲載スルコトヲ得ス

前項ノ規定ニ違反シタルトキハ新聞紙ニ在リテハ編集人及発行人、其ノ他ノ出版物ニ在リテハ著作者及発行者ヲ一年以下ノ禁錮又ハ一〇〇〇円以下ノ罰金ニ処ス

附　則

本法施行ノ期日ハ勅令ヲ以テ之ヲ定ム

矯正院法（大正一一年四月一七日 法律第四三号）

第一条 矯正院ハ少年審判所ヨリ送致シタル者及民法第八八二条ノ規定ニ依リ入院ノ許可アリタル者ヲ収容スル所トス

第二条 矯正院ニ収容シタル者ノ在院ハ二三歳ヲ超ユルコトヲ得ス

第三条 矯正院ニハ特ニ区画シタル場所ヲ設ケ少年審判所、裁判所又ハ予審判事ヨリ仮ニ委託シタル者ヲ置ク

第四条 矯正院ハ収容スヘキ者ノ男女ノ別ニ従ヒ之ヲ設ク

第五条 十六歳ニ満タサル者ト一六歳以上ノ者トハ分界ヲ設ケタル場所ニ各別ニ之ヲ収容ス

第六条 矯正院ハ之ヲ国立トス

第七条 矯正院ハ司法大臣ノ管理ニ属ス

第八条 司法大臣ハ少クトモ六月毎ニ一回官吏ヲシテ矯正院ヲ巡察セシムヘシ

少年審判官ハ随時矯正院ヲ巡視スヘシ

第九条 在院者ニハ其ノ性格ヲ矯正スル為厳格ナル紀律ノ下ニ教養ヲ施シ其ノ生活ニ必要ナル実業ヲ練習セシム

第一〇条 矯正院ノ長ハ命令ノ定ムル所ニ依リ在院者ヲ懲戒スルコトヲ得

第一一条 矯正院ノ長ハ已ムコトヲ得サル事由アル場合ニ於テハ少年審判所ノ許可ヲ受ケ未成年者ノ在院者及仮退院者ノ為親権者又ハ後見人ノ職務ニ属スル行為ヲ為スコトヲ得

第一二条　矯正院ノ長ハ少年審判所ヨリ送致シタル在院者ニ対シ執行ノ目的ヲ達シタリト認ムルトキハ少年審判所ノ許可ヲ受ケ之ヲシテ退院セシムヘシ

第一三条　矯正院ノ長ハ少年審判所ヨリ送致シタル在院者ニシテ収容後六月ヲ経過シタルモノニ対シ少年審判所ノ許可ヲ受ケ条件ヲ指定シテ仮ニ退院ヲ許スコトヲ得

仮退院ヲ許サレタル者ハ仮退院ノ期間内少年保護司ノ観察ニ付ス

第一四条　仮退院者指定ノ条件ニ違反シタルトキハ矯正院ノ長ハ少年審判所ノ許可ヲ受ケ仮退院ヲ取消スコトヲ得

第一五条　在院者又ハ仮退院者逃走シタルトキハ少年審判所及矯正院ノ職員ハ之ヲ逮捕スルコトヲ得

少年法第二五条ノ規定ハ前項ノ場合ニ之ヲ準用ス

第一六条　本法ニ規定スルモノヲ除クノ外在院者ノ処遇ニ関スル規程ハ命令ヲ以テ之ヲ定ム

矯正院ノ長ハ司法大臣ノ認可ヲ受ケ在院者ノ処遇ニ関スル細則ヲ定ムヘシ

第一七条　前二条ノ規定ハ少年審判所、裁判所又ハ予審判事ヨリ仮ニ委託シタル者ニ付之ヲ準用ス

附　則

本法施行ノ期日ハ勅令ヲ以テ之ヲ定ム

少年法矯正院法等施行期日ノ件（大正一一年十一月九日勅令第四八七号）

少年法矯正院法及大正十一年法律第四四号ハ大正一二年一月一日ヨリ之ヲ施行ス

矯正院官制（大正一一年一一月一〇日勅令第四百八七号）

第一条 矯正院ニハ通シテ左ノ職員ヲ置ク

院長

教官 専任一八人 判任内八人ヲ奏任ト為スコトヲ得

医官 専任 四人 奏任

書記 専任 一〇人 判任

前項職員ノ外補導ヲ置ク判任官ノ待遇トス

第二条 院長ハ奏任官タル教官ヲ以テ之ニ充ツ司法大臣ノ命ヲ承ケ院務ヲ掌理シ所部ノ職員ヲ監督ス

第三条 院長事故アルトキハ上席ノ教官其ノ職務ヲ代理ス

第四条 教官ハ在院者ノ矯正ヲ掌ル

第五条 医官ハ在院者ノ衛生及診療ヲ掌ル

第六条 書記ハ上司ノ指揮ヲ承ケ庶務ニ従事ス

第七条 補導ハ教官又ハ医官ノ職務ヲ助ク其ノ定員ハ司法大臣之ヲ定ム

第八条　矯正院ノ位置及名称ハ司法大臣之ヲ定ム

附　則

本令ハ大正一二年一月一日ヨリ之ヲ施行ス

矯正院官制第八条ニ依ル矯正院ノ位置及名称ノ件（大正一一年一二月一八日司法省告示第五三号）

名称	位置
多摩少年院	東京府南多摩郡由井村
浪速少年院	大阪府三島郡春日村

矯正院処遇規程（大正一一年一二月一八日司法省令第三四号）

第一章　収容

第一条　少年ノ収容ハ当該官庁ノ送致書委託書又ハ入院許可ノ裁判書ニ依ル

第二条　少年ヲ収容シタルトキハ送致又ハ委託ヲ為シタル官庁ニ通知スヘシ

第三条　入院者ニ付テハ各別ニ少年簿ヲ作リ之ニ必要ナル事項ヲ記載スヘシ

第四条　院長ハ入院者ニ対シ遵守事項及心得事項ヲ説示スヘシ

第五条　入院者ニ付テハ其ノ性行、境遇、経歴、学術技芸ノ程度、心身状況等身上ニ関スル事情ヲ精査シ其ノ結果ニ基キ居室及修習スヘキ学科、実科ノ種類、程度ヲ定ムヘシ

第六条　在院者ノ処遇ニ関シ必要ナル取調ヲ為スニ付テハ少年審判所ニ補助ヲ求ムルコトヲ得

第二章　教導

第七条　院長ハ中学校及実業学校程度以下ノ学校ニ準シ課程及教科目ヲ定メ且教科用図書ヲ選定シ司法大臣ノ

認可ヲ受クヘシ

第八条 院長ハ在院者ノ矯正ニ有益ナリト認ムルモノニ限リ教科外ノ図書ヲ閲読セシムルコトヲ得

第九条 休日ニハ在院者ヲ休養セシメ適当ト認ムル方法ニ依リ其ノ心身ノ修養、鍛錬ニ力ムヘシ

第一〇条 祖父母又ハ父母病篤キトキハ在院者ヲシテ往訪セシムルコトヲ得

第一一条 祖父母又ハ父母死亡シタルトキハ三日間謹慎セシメ適当ト認ムル方法ニ依リ祭祀ヲ行ハシムルコトヲ得、父母ノ祭日亦同シ

第一二条 一月一日、紀元節及天長節祝日ニハ在院者ヲ参集セシメ左ノ順序ニ従ヒ式ヲ挙クヘシ

一 職員及在院者「君ケ代」ヲ合唱ス

一 院長教育ニ関スル勅語ヲ奉読シ其ノ義ヲ行フ

一 職員及在院者祝日ニ相当スル唱歌ヲ合唱ス

第一三条 院長ハ学科及実科ノ成績証明書ヲ授与スルコトヲ得

第三章 賞罰

第十四条 院長ハ在院者ノ成績ニ鑑ミ左ニ掲クル等級ノ褒賞ヲ与フルコトヲ得

一 褒 状

二 賞 与

三 賞 票

院長ハ賞票ニ付更ニ種別ヲ設クルコトヲ得

第一五条 院長ハ成績特ニ優良ナル在院者ニ対シ左ニ掲クル殊遇ヲ与フルコトヲ得

一　特ニ設ケタル居室、器具其ノ他ノ設備ノ使用
一　組長其ノ他名誉トスル地位ノ授与
一　定時又ハ臨時ノ外出

第一六条　在院者紀律ニ違背シタルトキハ院長ハ情状ニ依リ左ニ掲クル懲戒ヲ行フコトヲ得
一　譴　責
一　褒状ノ剥奪
一　端　座
一　直　立
一　屏　居
前項ノ懲戒ニ依リテハ其ノ目的ヲ達スルコト能ハサルトキハ体罰ヲ行フコトヲ得

第一七条　懲戒ハ在院者ノ心身ノ状況ニ注意シテ之ヲ行フヘシ

第四章　給食

第一八条　在院者ニハ衣類、寝具、学用品及雑品ヲ交付ス

第一九条　院長ハ在院者一人ニ対シ貸与又ハ給与スヘキ物品ノ種目、員数及使用期間ヲ定メ司法大臣ノ認可ヲ受クヘシ

第二〇条　貸与品又ハ給与品ニ付テハ其ノ区別ニ従ヒ貸与品簿又ハ給与品簿ニ必要ナル事項ヲ記載スヘシ

第二一条　在院者ノ食物ハ之ヲ給与ス院長ハ主食物ノ種類及分量ヲ定メ司法大臣ノ認可ヲ受クヘシ
副食物ハ毎週献立表ニ依リ之ヲ定ムヘシ

第二二条　大祭日、祝日其ノ他院長適当ト認ムルトキハ前条ノ規定ニ拘ラス特別ノ食物ヲ給与スルコトヲ得
第二三条　自弁品ハ在院者ノ紀律、衛生ニ害ナキ限リ其ノ使用ヲ許可スルコトヲ得

第五章　衛生及診療

第二四条　疾病其ノ他已ムコトヲ得サル事由アル場合ヲ除クノ他入院者ヲ入浴セシメ健康診断ヲ行フヘシ
第二五条　居室、衣類、寝具等ハ在院者ヲシテ之ヲ整頓セシムヘシ
第二六条　在院者ニハ院長ノ定ムル所ニヨリ理髪及入浴ヲ為サシムヘシ
第二七条　春秋二回在院者ノ体格検査ヲ行ヒ必要アルトキハ臨時健康診断ヲ行フヘシ
第二八条　伝染病発生シ又ハ発生ノ虞アルトキハ其ノ予防ヲ厳ニシ応急適切ナル処置ヲ為スヘシ
第二九条　伝染病発生シタルトキハ直ニ其ノ状況ヲ司法大臣ニ申報スヘシ
第三〇条　在院者ニハ疾病予防ノ為必要ナル医術ヲ行フヘシ
第三一条　在院者重病ニ罹リタルトキハ直ニ其ノ旨委託ヲ為シタル官庁、親権者、後見人、戸主其ノ他ノ保護者ニ通知スヘシ

第六章　面会及通信

第三二条　在院者ハ院長ノ許可ヲ受ケ面会又ハ通信ヲ為スコトヲ得
第三三条　面会ハ応接室ニ於テ之ヲ為サシムヘシ但シ特別ノ事由アルトキハ他ノ場所ニ於テ之ヲ為サシムルコトヲ得

第七章　領置

第三四条　院長ハ在院者ノ所有品ヲ領置シ適当ト認ムルトキハ之ヲ其ノ親権者若ハ後見人ニ交付シ又ハ本人ヲ

シテ売却其ノ他ノ処分ヲ為サシムルコトヲ得
領置スヘキ物品ハ本人立会ノ上其ノ種目及員数ヲ点検シ領置品簿ニ必要ナル事項ヲ記載スヘシ
第三五条 在院者所有ノ金銭ハ本人立会ノ上其ノ金額ヲ計算シ本人ノ名ニ於テ郵便貯金ノ手続ヲ為シ其ノ通帳ハ院長之ヲ保管シ領置金簿ニ必要ナル事項ヲ記載スヘシ
第三六条 在院者ニ寄贈ノ申出ヲ為ス者アルトキハ之ヲ許可スルコトヲ得
第三七条 領置ノ金品ハ退院又ハ仮退院其ノ他領置ノ必要ナキニ至リタルトキハ之ヲ還付スヘシ但シ在院中ト雖モ必要アリト認ムルトキハ之ヲ在院者ニ交付スルコトヲ得

第八章　退院及仮退院

第三八条 院長在院者ノ退院ノ許可ヲ求ムルニハ在院中ニ於ケル行状及学科実科ノ成績ヲ表示シテ之ヲ為スヘシ
第三九条 在院者ノ仮退院ノ許可ヲ求ムルニハ前条ニ定ムル事項ノ外仮退院後遵守スヘキ条件及保護ヲ引受クヘキ適当ノ者アルトキハ其ノ氏名住居職業仮退院者トノ関係、保護ヲ引受クヘキ適当ノ者ナキトキハ其ノ事由ヲ表示スヘシ
第四〇条 仮退院ノ許可アリタルトキハ直ニ仮退院ノ日時ヲ定メ保護ヲ引受クヘキ者及住居ノ地ヲ管轄スル少年審判所ニ通知スヘシ
第四一条 住居ノ地ヲ管轄スル少年審判所ハ観察ヲ為スヘキ少年保護司ヲ定メテ矯正院ニ通知スヘシ
第四二条 院長ハ仮退院ヲ許ス者ニ仮退院証ヲ授与シ遵守スヘキ条件ニ付説示シ保護ヲ引受クヘキ者又ハ少年保護司ニ引渡スヘシ

第四三条　前条ノ引渡ヲ為シタルトキハ院長ハ之ヲ司法大臣ニ申報シ仮退院ヲ許可シタル少年審判所ニ通知スヘシ

第四四条　仮退院者住居ニ到達シタルトキハ其ノ引渡ヲ受ケタル保護者ハ保護司ニ届出テ少年保護司ハ矯正院ニ通知スヘシ

第四五条　少年審判所少年保護司ノ申出ニ依リ仮退院者ノ行状其ノ他ノ事由ニ因リ指定ノ条件ヲ変更スヘキ必要アリト認ムルトキハ其ノ件ヲ変更スルコトヲ得

第四六条　少年審判所仮退院者ニ指定シタル条件ヲ変更シタルトキハ之ヲ矯正院ニ通知シ且新ナル条件ヲ文書ニ記載シ少年保護司ヲシテ仮退院者ニ交付セシムヘシ

少年保護司ハ条件ノ変更ニ付必要ナル説示ヲ為スヘシ

第四七条　院長仮退院ヲ取消シタルトキハ之ヲ少年保護司ニ通知スヘシ

少年保護司前項ノ通知ヲ受ケタルトキハ直ニ入院ノ手続ヲ為シ仮退院証及前条ノ文書ヲ還納セシムヘシ

第四八条　仮退院者逃走又ハ死亡シタルトキハ保護ヲ引受ケタル者ハ直ニ少年保護司ニ届出ツヘシ其ノ軍人軍属ト為リタルトキ亦同シ

第四九条　少年保護司仮退院者逃走若ハ死亡シタルコト又ハ軍人軍属ト為リタルコトヲ知リタルトキハ遅滞ナク矯正院ニ通知スヘシ

第五〇条　退院又ハ仮退院ヲ為ス者ニハ事情ニ依リ貸与品ノ全部又ハ一部ヲ給与シ且帰住施費又ハ相当ノ衣類ヲ給与スルコトヲ得

第五一条　在院者ニ付処分ノ取消又ハ変更アリタルトキハ前条規定ニ準シ其ノ取扱ヲ為スヘシ処分ノ効力ヲ失

ヒタルトキ亦同シ

第九章　逃走及死亡

第五十二条　在院者逃走又ハ死亡シタルトキハ院長ハ直ニ之ヲ司法大臣ニ申報シ送致又ハ委託ヲ為シタル官庁ニ通知スヘシ

逃走者再ヒ入院シタルトキ亦同シ

第五十三条　在院者死亡シタルトキハ院長ハ死体ノ検視其ノ他必要ナル処置ヲ為スヘシ

第五十四条　院長ハ病名死因及死亡ノ日時ヲ速ニ親権者後見人戸主其ノ他ノ保護者ニ通知シ死体ヲ引取ラシムヘシ

第五十五条　死体ノ引取人ナキトキハ院長ハ成規ノ手続ニ依リ之ヲ仮葬シ死者ノ氏名及死亡ノ年月日ヲ記シタル墓標ヲ立ツヘシ

附　則

本令ハ大正十二年一月一日ヨリ之ヲ施行ス

矯正院事務章程（大正一二年一月一日司法大臣訓令保第二号）

第一課
第二課
第三課

第一条 矯正院ニ左ノ三課ヲ置キ別ニ庶務ヲ取扱ハシムル為庶務課ヲ置ク

第二条 第一課、第二課、第三課ニ課長ヲ置ク

第三条 院長ハ教官補導ノ部属及庶務課ノ主任ヲ定メ司法大臣ニ申報スヘシ

第四条 第一課ニ於テハ左ノ事務ヲ掌理ス

一 教導ニ関スル事項
一 学科実科ノ成績調査ニ関スル事項

第五条 第二課ニ於テハ左ノ事務ヲ掌理ス

一 院内ノ紀律維持ニ関スル事項
一 在院者ノ董督ニ関スル事項
一 在院者ノ性行、境遇、経歴ノ調査ニ関スル事項
一 入院、退院及仮退院ノ取扱ニ関スル事項
一 面会、通信及参観ニ関スル事項

一　儀式及集会ニ関スル事項

第六条　第三課ニ於テハ左ノ事務ヲ掌理ス

一　衛生ニ関スル事項
一　体格検査其ノ他健康診断ニ関スル事項
一　心身ノ情況調査ニ関スル事項
一　診察治療ニ関スル事項

第七条　庶務課ニ於テハ左ノ事務ヲ掌理ス

一　人事ニ関スル事項
一　文書金品ノ受理、発送及浄書ニ関スル事項
一　文書ノ整理及保管ニ関スル事項
一　統計及報告ニ関スル事項
一　官印保管ニ関スル事項
一　経費ノ支払及収入ノ取扱ニ関スル事項
一　現金及物品ノ保管ニ関スル事項
一　図書ノ整理及保管ニ関スル事項
一　不動産管理ニ関スル事項
一　営繕ニ関スル事項
一　給養ニ関スル事項

一　領置及貯金ニ関スル事項
一　傭人使役ニ関スル事項
第八条　所属分明ナラサル事項ニ付テハ院長之ヲ掌理スヘキ課ヲ指定スヘシ
第九条　補導ノ職務ハ昼夜ノ別ナク休日ト雖之ヲ行フ
第一〇条　院長ハ補導ノ勤務時間ヲ定ムヘシ
第一一条　在院者ノ居室、日課、課程、教科並賞罰、退院及仮退院ノ処分ハ課長ノ会議ニ付シタル後院長之ヲ決ス在院者ノ処遇ニ関シ重要ト認ムル事項亦同シ院長必要アリト認ムルトキハ課長ノ会議ニ他ノ職員ヲ参加セシムルコトヲ得
第一二条　院長出張セムトスルトキハ司法大臣ノ認可ヲ受クヘシ
院長ハ職員ニ出張ヲ命スルコトヲ得
第一三条　院長ハ職員ヲシテ宿直ヲ為サシムヘシ
第一四条　矯正院又ハ其ノ附近ニ失火其ノ他ノ非常事変アルトキハ速ニ登院シ臨機ノ処置ヲ為スヘシ
第一五条　在院者逃走シタルトキハ速ニ逮捕ニ付必要ナル措置ヲ為スヘシ
第一六条　院長ハ毎年五月末日迄ニ前年度ニ於ケル事務ノ成績ヲ司法大臣ニ申報スヘシ
第一七条　院長ハ事務ノ処理ニ関シ必要ナル細則ヲ定メ司法大臣ニ申報スヘシ

浪速少年院教務分掌内規（大正一二年一一月一日）

教務ノ統一ヲ図リ且ツ其進歩改善ニ資スルタメ第一課ノ事務ヲ左ノ如ク分掌ス

㈠ 教務係
㈡ 院生係
㈢ 実科係
㈣ 図書係

㈠ 教務係

(イ) 教授ノ整備統一ヲ図ルコト
(ロ) 第一課ニ属スル文書ノ起案、整理、保存ニ関スルコト
(ハ) 教務ニ関スル諸帳簿ノ整理統一ヲ計ルコト
(ニ) 成績考査ノ統一ヲ計ルコト
(ホ) 教授時間ノ変更ニ関スルコト
(ヘ) 学用品ノ収受、交付ニ関スルコト
(ト) 院生成績品ノ蒐集及整理保管ニ関スルコト
(チ) 教具及教授資料ノ請求保管ニ関スルコト
(リ) 教室掃除用具ノ配布整頓ニ関スルコト

(ヌ) 統計及報告ニ関スルコト
(ル) 入院者学力検定ニ関スルコト

(二) 院 生 係

(イ) 院生訓練ノ徹底ニ努メ院風ノ作興ヲ図ルコト
(ロ) 院生ノ学芸及体育ノ進歩発達ヲ図ルコト
(ハ) 諸会合ノ準備整理ニ関スルコト
(ニ) 医務係ト連絡ヲ保チ院生ノ看護ニ当ルコト
(ホ) 体育ニ関スル機械器具ノ整理保存ニ関スルコト
(ヘ) 教室運動場ノ風儀取締ヲナスコト
(ト) 其他訓練ニ関スル諸般ノ事務ニ関スルコト

(三) 実 科 係

(イ) 農芸ニ関スル趣味ヲ助長シ勤勉利用ノ心ヲ養成スルニ努ムルコト
(ロ) 学習用観賞植物其ノ他作物ノ栽培ニ関スルコト
(ハ) 院園ノ施設管理ニ関スルコト
(ニ) 工業ノ趣味ヲ助長シ勤労ヲ好ムノ習慣ヲ養ハシムルコト
(ホ) 製作ノ技能養成ニ努ムルコト
(ヘ) 原料、工具、物品ニ関スル智識ニ関スルコト
(ト) 実科ニ関スル院生ノ作業ヲ指導スルコト

㈣　図書係

(イ)　図書ノ整理及保管ヲ分任スルコト
(ロ)　図書購入ノ請求貸出ヲナスコト
(ハ)　図書室ノ清潔整頓ヲナスコト
(ニ)　図書目録ヲ調整シ其ノ異動ヲ明ニスルコト
(ホ)　新聞記事ノ切抜及整理

多摩少年院補導職務規程（大正一二年六月制定 多摩法規類聚一二四頁所収）

第一条　補導ハ上官ノ指導ヲ承ケ其ノ属スル課ノ事務ニ服ス
第二条　補導ハ在院者ノ起床後及就寝前其ノ人員ヲ点検スヘシ
第三条　補導ハ常ニ在院者ノ行状ニ注意シ改悛ノ状アルモノト思料シタルトキハ之ヲ上官ニ申出ツヘシ
其ノ行状懲戒ヲ加フヘキモノト思料シタルトキ亦同シ
第四条　補導ハ毎週一回在院者ノ居室ヲ検査シ汚損其ノ他異状アリト認メタルトキハ之ヲ上官ニ申出ツヘシ
第五条　補導ハ毎週一回在院者ノ貸与品及給与品ヲ点検シテ其ノ整否ニ注意シテ亡失又ハ汚損シタルモノアリ
ト認メタルトキハ之ヲ上官ニ申出ツヘシ
第六条　補導必要アリト認メタルトキハ何時ニテモ在院者ノ衣類ヲ検査スルコトヲ得
第七条　補導ハ在院者ノ私ニ所持シ又ハ蔵匿シタル金品ヲ発見シタルトキハ直ニ之ヲ取上ケ上官ニ申出ツヘシ
第八条　補導ハ随時院内ヲ視察シ其ノ清潔ニ注意スヘシ
第九条　補導ハ在院者ノ頭髪、剪爪、入浴、運動、其他個人衛生ニ注意スヘシ
第一〇条　在院者中伝染病ノ疑アル者又ハ急病者アリタルトキハ直ニ之ヲ上官ニ申出ツヘシ
第一一条　補導ハ伝染病ノ予防消毒ニ従事スヘシ
第一二条　補導ハ在院者ヲシテ院内ノ掃除ヲ為サシムヘシ

前項ノ掃除ニ付テハ組長其他ノ職務ヲ授与セラレタル在院者ヲシテ其ノ監督ヲ為サシムルコトヲ得

第一三条　補導在院者面会ニ立会シタル時ハ面会者ノ挙動及談話ニ注意シ疑ハシキ言行アリト認ムル時ハ面会ヲ差止メ上官ノ指揮ヲ受クヘシ

第一四条　補導ハ在院者ノ処遇上参考トナルヘキ事項ヲ知リタルトキハ上官ニ申出ツヘシ

第一五条　補導ハ考査中ノ者及懲戒ヲ受ケタル者ノ視察ヲ厳ニシ其ノ状況ヲ上官ニ申出ツヘシ

第一六条　在院者ニ対スル寄贈物品ハ上官ノ指揮ヲ受ケ補導之ヲ検査スヘシ

第一七条　在院者ヨリ領置金品ノ交付、物品購入売却、図書ノ閲読、通信等ニ付願出アリタルトキハ補導ハ其ノ旨上官ニ申出ツヘシ

第一八条　在院者逃走シタルトキハ非常ノ合図ヲナシ上官ニ申出テ速ニ逮捕ノ手段ヲ執ルヘシ其ノ機ヲ失スル虞アルトキハ之ヲ追跡シ事後申出スルコトヲ得

第一九条　補導ハ門戸及居室ノ開閉ヲ掌リ其ノ鑰匙ヲ保管スヘシ

第二〇条　補導ハ本院ニ出入スル者ノ取締ヲ厳ニシテ必要ト認ムルトキハ其ノ携帯品ヲ検査スルコトヲ得

第二一条　出火其ノ他ノ非常事変ノ際ハ特ニ在院者ノ取締ヲ厳ニシ必要アル時ハ避難準備ヲ為シ上官ノ指揮ヲ受クヘシ但緊急ノ場合ニハ一時在院者ヲ屋外ニ避難セシムルコトヲ得

第二二条　補導ハ炊事場其ノ他火気ヲ取扱フ場所ニ付テハ特ニ取締ヲ厳ニスヘシ

少年教護法（昭和八年五月四日 法律第五五号）

第一条 本法ニ於テ少年ト称スルハ一四歳ニ満タサル者ニシテ不良行為ヲ為シ又ハ不良行為ヲ為ス虞アル者ヲ謂フ

第二条 北海道及府県ハ少年教護院ヲ設置スベシ

前項少年教護院ノ数及収容定員ハ命令ヲ以テ之ヲ定ム

国ハ必要ノ場所ニ少年教護院ヲ設置ス

国立教護院ニハ教護事務ニ従事スル職員養成所ヲ附設スルコトヲ得

第三条 少年教護院ニ於ケル教護ノ本旨教科設備及職員ニ関スル事項ハ勅令ヲ以テ之ヲ定ム

第四条 少年教護院内ニ少年鑑別機関ヲ設クルコトヲ得。

第五条 道府県ノ設置スル少年教護院及少年鑑別機関ハ地方長官国立教護院ハ内務大臣之ヲ管理ス

第六条 道府県ハ勅令ノ定ムル所ニ依リ少年教護ノ為少年教護委員ヲ置クベシ

第七条 国道府県ニ非ザル者本法ニ依ル教護ヲ目的トスル少年教護院ヲ設置セントスルトキハ内務大臣ノ認可ヲ受クベシ

第八条 地方長官ハ左記各号ノ一ニ該当スル者アルトキハ之ヲ少年教護院ニ入院セシムベシ

一、少年ニシテ親権又ハ後見ヲ行フモノナキ者

二、少年ニシテ親権者又ハ後見人ヨリ入院ノ出願アリタル者

三、少年審判所ヨリ送致セラレタル者
四、裁判所ノ許可ヲ得テ懲戒場ニ入ルベキ者
地方長官ハ前項第一号及第二号ニ該当スル者ニ対シ前項ノ処分ヲ為スノ外之ヲ少年教護委員ノ観察ニ付スルコトヲ得

第九条　内務大臣ハ前条第一項第一号又ハ第二号ニ掲グル者左記各号ノ一ニ該当スルトキハ之ヲ国立教護院ニ入院セシムルコトヲ得
一、性状特ニ不良ニシテ地方長官ヨリ入院ノ申請アリタル者
二、前号ニ該当セズト雖特ニ入院ノ必要アリト認メタル者

第一〇条　地方長官ハ第八条第一項第一号又ハ第二号ニ該当スル在院者ヲ何時ニテモ条件ヲ指定シテ仮ニ退院セシムルコトヲ得
前項ノ仮退院者ハ之ヲ家庭其ノ他適当ナル施設ニ委託シ又ハ少年教護委員ノ観察ニ付スルコトヲ得
仮退院者ハ之ヲ在院者ト看做ス
仮退院者ニシテ指定ノ条件ニ違背シタルトキハ地方長官ハ之ヲ復院セシムルコトヲ得

第一一条　少年ノ在院期間及観察期間ハ少年ノ満二〇歳ニ至ル迄トス但シ第八条第三号又ハ第四号ニ該当スル者ハ此ノ限ニ在ラズ

第一二条　内務大臣又ハ地方長官ハ在院者ニ対シ教護ノ目的ヲ達シタリト認ムルトキハ之ヲ退院セシムルコトヲ得

第一三条　学校長市町村長少年教護委員又ハ警察署長第八条第一項第一号ニ該当スル者アリト認ムルトキハ之

ヲ地方長官ニ具申スベシ

第一四条　地方長官警察署長又ハ市町村長必要アリト認ムルトキハ第八条第一項第一号ニ該当スル者ノ処分決定ニ至ル迄一時保護ノ為適当ナル施設若ハ家庭ニ委託スルコトヲ得仍警察署長ニ於テ特ニ必要アリト認ムルトキハ五日ヲ超エザル期間仮ニ留置ヲ為スコトヲ得

前項ニ依リ警察署長ニ於テ行フ留置ハ他ノ収容者ト分離スベシ

第一五条　少年教護院長ハ在院者ニ対シ親権ヲ行フ。但シ親権者又ハ後見人アル者ノ財産管理ニ付テハ此ノ限ニ在ラズ

第一六条　内務大臣又ハ地方長官ハ本人又ハ扶養義務者ヨリ在院委託及一時保護ニ要シタル費用ノ全部又ハ一部ヲ徴収スルコトヲ得

前項費用ノ徴収ハ必要ニ応ジ納付義務者ノ居住地又ハ財産所在地ノ地方長官又ハ市町村長ニ之ヲ嘱託スルコトヲ得

第一項ノ費用ヲ指定ノ期間内ニ納付セザル者アルトキハ国税徴収法ノ例ニ依リ処分スルコトヲ得

第一七条　第八条乃至第十条ノ処分ヲ受ケタル者ノ親族又ハ後見人ハ入院後六ケ月ヲ経過シタル場合ソノ処分ノ解除又ハ変更ヲ内務大臣又ハ地方長官ニ出願スルコトヲ得

第一八条　第八条、第九条、第一〇条又ハ第一六条第一項及第三項ノ処分ニ不服アル者及前条ノ出願ヲ許可セラレザル者ハ訴願ヲ提起スルコトヲ得

第一九条　道府県ノ設置スル少年教護院及少年鑑別機関、少年教護委員、一時保護及地方長官ノ為シタル委託ニ関スル費用ハ道府県ノ負担トス

市町村長第一四条ノ一時保護ヲ為シタルトキハ其ノ費用ハ市町村費ヲ以テ一時之ヲ立替フベシ

第二〇条 国庫ハ前条第一項ノ規定ニ依ル道府県ノ支出ニ対シ勅令ノ定ムル所ニ依リ六分ノ一乃至二分ノ一ヲ補助ス

第七条ノ規定ニ依リ認可セラレタル少年教護院ノ支出ニ付亦前項ヲ適用ス

第二一条 第七条ノ規定ニ依リ認可ヲ受ケタル少年教護院ノ用ニ供スル土地建物ニ対シテハ地方税ヲ課セズ

但シ有料ニテ之ヲ使用セシメタル者ニ対シテハ此ノ限ニ在ラズ

第二二条 内務大臣及地方長官ハ第七条ノ規定ニ依リ認可ヲ受ケタル少年教護院ヲ監督シ之ガ為必要ナル命令ヲ発シ又ハ処分ヲ為スコトヲ得

第二三条 第七条ノ規定ニ依リ認可セラレタル少年教護院本法若ハ本法ニ基キ発スル命令又ハ認可ノ条件ニ違反シタルトキハ内務大臣ハ認可ヲ取消スコトヲ得

第二四条 少年教護院長ハ在院中所定ノ教科ヲ履修シ性行改善シタル者ニ対シテハ其ノ退院後ニ於テ尋常小学校ノ教科ヲ修了シタル者ト認定スルコトヲ得

但シ少年教護院ノ教科ハ小学校令ニ遵拠シ文部大臣ノ承認ヲ経ルコトヲ要ス

前項ノ認定ヲ受ケタル者ハ他ノ法令ノ適用ニ関シテハ尋常小学校ヲ卒業シタル者ト看做ス

第二五条 本法中市町村又ハ町村費トアルハ町村制ヲ施行セザル地ニ在テハ之ニ準ズベキモノトス

第二六条 少年ノ教護処分ニ付セラレタル事項ハ之ヲ新聞紙其ノ他ノ出版物ニ掲載スルコトヲ得ズ

前項ノ規定ニ違背シタルトキハ新聞紙ニ在リテハ編集人及発行人其ノ他ノ出版物ニ在リテハ著作者及発行者ヲ三月以下ノ禁錮又ハ一〇〇円以下ノ罰金ニ処ス

少年教護法施行規則（昭和九年九月二九日内務省令第二一号）

第一条　道府県ノ設置スベキ少年教護院ノ数及収容定員ハ地方長官之ヲ定ム但シ収容定員ガ一〇〇名ヲ超エ又ハ三〇名ヲ下ル場合ニ於テハ内務大臣ノ許可ヲ受クルコトヲ要ス

第二条　少年教護法第七条ノ規定ニ依ル認可申請書ニハ左ノ事項ヲ記載スベシ

一　名称及所在地

二　教則、編制、休業日其ノ他教科ニ関スル事項

三　設備ノ状況

四　職員ニ関スル事項

五　経費及維持方法

公共団体ニ非ザル者ノ認可申請書ニハ左ノ事項ヲ記載シタル書類ヲ添付スベシ

一　設置者ノ履歴及資産状況

二　法人又ハ団体ニ在リテハ定款、寄附行為又ハ其ノ他ノ約款

第三条　少年教護法第七条ノ規定ニ依リ認可ヲ受ケタル者ハ前条ニ掲グル事項ニ変更アリタルトキハ直ニ其ノ旨内務大臣ニ届出ヅベシ

第四条　少年教護院ノ管理者ハ其ノ事業開始ノ後直ニ其ノ旨内務大臣ニ届出ヅベシ

第五条　少年教護院ノ管理者少年教護院ヲ廃止セントスル時ハ予メ在院者ノ処置方法及財産ノ処分方法ニ付内

務大臣ノ認可ヲ受クベシ

第六条 少年教護法第八条第一項第二号ニ掲グル者ノ入院ノ出願ニハ其ノ願書ニ左ノ事項ヲ記載シ戸籍謄本ヲ添付スベシ

一 少年ノ住所、氏名、年齢、履歴及性行

二 出願者ノ住所、氏名、職業、履歴及少年トノ続柄

三 入院ヲ必要トスル理由

第七条 少年教護法第八条第一項第四号ニ掲グル者ノ入院ノ出願ハ親権者又ハ後見人ニ於テ之ヲ為シ前条ニ規定スル書類ノ外裁判所ノ裁判ノ正本ヲ提出スベシ

第八条 少年教護法第一三条ノ規定ニ依ル学校長、市町村長、少年教護委員又ハ警察署長ノ具申書ニハ少年ノ住所、氏名、年齢、履歴及性行ニ関スル事項ヲ記載シ戸籍謄本ヲ添付スベシ

第九条 警察署長又ハ市町村長教護法第一四条ノ規定ニ依リ一時保護ヲ為シタルトキハ直ニ一時保護開始ノ期日、保護ノ場所及方法ヲ具シ其ノ旨地方長官ニ報告スベシ

第一〇条 地方長官少年ヲ少年教護院ニ入院セシメントスルトキハ入院命令書ヲ発スベシ入院命令書ニハ少年ノ住所、氏名、入院スベキ少年教護院、入院期限及在院費ニ関スル事項ヲ記載シ具申者又ハ親権者若ハ後見人ヲ経テ之ヲ少年ニ交付スベシ

少年教護法第八条第一項第三号ニ該当スル者ニ対シ入院命令書ヲ交付シタルトキハ之ヲ送致シタル少年審判所ニ通知スベシ

第一一条 地方長官前条ノ入院命令書ヲ発シタルトキハ其ノ旨入院セシムベキ少年教護院ノ院長ニ通知スベシ

少年教護院長前項ノ通知ヲ受ケタルトキハ入院命令書指定ノ期限内ニ少年ヲ入院セシムベシ

少年教護院長少年ヲ入院セシメタルトキハ其ノ旨少年ノ本籍地及住所地ノ市町村長ニ通知スベシ

第一二条　地方長官少年ヲ観察ニ付セントスルトキハ観察スベキ少年教護委員ノ住所、氏名及其ノ観察ニ付スル旨ヲ記載シタル書面ヲ具申者又ハ親権者若ハ後見人立会ノ上少年教護委員ヲシテ少年ニ交付セシムベシ

第一三条　地方長官前条ノ規定ニ依リ少年ヲ観察ニ付シタルトキハ観察スベキ少年教護委員ニ対シ少年ノ教護上参考トナルベキ事項ヲ指定スベシ

第一四条　第一二条ノ規定ハ少年ノ観察ヲ解除スル場合ニ付之ヲ準用ス

第一五条　地方長官ハ少年教護法第九条ノ規定ニ該当スル者ニシテ国立少年教護院ニ入院セシムルノ要アリト認ムルトキハ少年ノ健康診断書及戸籍謄本ノ外少年及親権者又ハ後見人其ノ他ノ保護者ニ関スル事項並ニ入院ヲ必要トスル理由ヲ記載シタル調書ヲ添付シ内務大臣ニ入院ノ申請ヲ為スベシ

第一六条　内務大臣少年ヲ国立少年教護院ニ入院セシメントスルトキハ地方長官ヲ経テ入院命令書ヲ少年ニ交付ス

前項ノ入院命令書ヲ交付シタルトキハ地方長官ハ其ノ旨親権者又ハ後見人ニ通知シ且少年ヲ国立少年教護院ニ入院セシムベシ

前項ノ規定ニ依ル入院アリタルトキハ国立少年教護院長ハ其ノ旨少年ノ本籍地及住所地ノ市町村長ニ通知スベシ

第一七条　少年教護院長少年法第三七条第二項又ハ第六六条第一項ノ規定ニ依ル委託ヲ受ケントスルトキハ地方長官ノ認可ヲ受クベシ

第一八条　少年教護院長在院者ニシテ仮ニ退院セシムルヲ適当ト認ムルモノアルトキハ指定スベキ条件ヲ具シ其ノ旨地方長官ニ具申スベシ

第一九条　地方長官在院者ヲ仮ニ退院セシメントスルトキハ仮退院命令書ヲ発シ少年教護院長ヲ経テ之ヲ少年ニ交付スベシ

第二〇条　地方長官仮退院者ヲ復院セシメントスルトキハ復院命令書ヲ発シ少年教護院長ヲ経テ之ヲ少年ニ交付スベシ

第二一条　前二条ノ場合ニ於テハ少年教護院長ハ親権者若ハ後見人又ハ少年教護法第一三条ノ具申者ニ対シ其ノ旨通知スベシ

第二二条　少年教護院長在院者ニシテ退院セシムルヲ適当ト認ムルモノアルトキハ其ノ状況ヲ具シ国立少年教護院ニ在リテハ内務大臣ニ其ノ他ノ少年教護院ニ在リテハ地方長官ニ其ノ旨具申スベシ

第二三条　内務大臣又ハ地方長官在院者ヲ退院セシメントスルトキハ退院命令書ヲ発シ少年教護院長ヲ経テ之ヲ少年ニ交付ス此ノ場合ニ於テ少年教護院長ハ速ニ親権者又ハ後見人其ノ他ノ保護者ニ少年ヲ引渡スベシ

第一一条第三項ノ規定ハ退院ノ場合ニ之ヲ準用ス

第二四条　少年教護法第一七条、少年教護法施行令第一二条又ハ本令第二条乃至第五条ノ規定ニ依リ内務大臣ニ提出スベキ書類ハ所轄地方長官ヲ経由スベシ

附　則

本令ハ少年教護法施行ノ日ヨリ之ヲ施行ス（昭和九年一〇月一日ヨリ施行）

B　現行法規則関係

①　少年審判規則（昭和二三・一二・二一最高裁規三三）

施行　昭和二四・一・一（附則）
改正　昭和二四最高裁規一〇・最高裁規一二、昭和二五最高裁規一〇・最高裁規一一・最高裁規三五、昭和二七最高裁規四・最高裁規一九、昭和二八最高裁規一二、昭和二九最高裁規五、昭和三〇最高裁規八、昭和五七最高裁規七、平成四最高裁規一、平成八最高裁規六、平成九最高裁規四、平成一三最高裁規一

目　次

第一章　総　則

（この規則の解釈と運用、保護事件取扱の態度）

第一条　①　この規則は、少年の保護事件を適切に処理するため、少年法（昭和二三年法律第一六八号。以下法という。）の目的及び精神に従って解釈し、運用しなければならない。

②　調査及び審判その他保護事件の取扱に際しては、常に懇切にして誠意ある態度をもって少年の情操の保護に心がけ、おのずから少年及び保護者等の信頼を受けるように努めなければならない。

（決定書）

第二条 ① 決定をするときは、裁判官が、決定書を作ってこれに署名押印しなければならない。合議体で決定をする場合において、決定書に署名押印できない裁判官があるときは、他の裁判官の一人（当該署名押印できない裁判官が裁判長以外の裁判官である場合は、裁判長）が、その事由を付記して署名押印しなければならない。

② 前項の規定により署名押印すべき場合には、署名押印に代えて記名押印することができる。

③ 次の各号にあげる掲げる決定を除く決定の決定書には、第一項の規定による署名押印又は前項の規定による記名押印に代えて押印することができる。

一 事件を終局させる決定

二 法第五条第二項及び第三項、第一七条第一項及び第三項ただし書、第一七条の二第四項前段（第一七条の三第二項において準用する場合を含む。）において準用する第三三条、第一七条の四第一項本文、第二二条の二第一項（法において準用し、又はその例による場合を含む。次項第五号において同じ。）、第二四条の二、第二五条、第三二条の四第三項並びに第三四条ただし書（第三五条第二項前段において準用する場合を含む。）の決定

三 第四六条の三第七項の決定

④ 決定書には、次に掲げる事項を記載しなければならない。

一 主文

二 理由

三　少年の氏名及び年齢
四　少年の職業、住居及び本籍
五　当該審級において法第二二条の二第一項の決定をした事件を終局させる決定の決定書においては、同項の決定をした旨及び当該決定に係る事件を特定するに足りる事項
⑤　次の各号に掲げる決定を除く決定の決定書には、前項第二号及び第四号に掲げる事項の記載を省略することができる。
一　法第一七条第一項第二号及び第三項ただし書の決定
二　法第二〇条、第二四条及び第二四条の二の決定
三　法第二七条の二第一項及び第二項本文の決定
四　法第三三条（第一七条の二第四項前段（第一七条の三第二項前段において準用する場合を含む。）及び第三十五条第二項前段において準用する場合を含む。）の決定
五　法第二二条の二第一項の決定（以下「検察官関与決定」という。）をした事件についての保護処分に付さない決定
⑥　決定書には、記録中の書類の記載を引用することができる。
⑦　裁判長は、相当と認めるときは、決定を調書に記載させて決定書に代えることができる。

（決定の告知）

第三条　①　次に掲げる決定を告知するには、裁判長が、審判期日において言い渡さなければならない。
一　法第二四条第一項の決定

二　検察官関与決定をした事件についての法第二三条の決定

②　次に掲げる決定を告知するには、裁判長が、少年の面前で言い渡さなければならない。

一　法第十七条第一項（次項第一号の場合を除く。）第一七条の四第一項本文（次項第二号の場合を除く。）、第二三条（前項第二号の場合を除く。）及び第二五条の決定

二　法第一七条第一項第二号の措置がとられている事件についての法第二〇条の決定

③　次に掲げる決定を告知するには、該当決定する裁判官が、少年の面前で言い渡さなければならない。

一　法第一七条第一〇項の規定による同条第一項の決定

二　法第一七条の四第二項の規定による同条第一項本文の決定

④　決定は、前三項の場合を除いては、相当と認める方法によって告知する。法第二十三条第二項及び第三項（第一項第二号の場合を除く。）並びに第二十五条の決定について、第二項第一号の規定によることができないとき又はこれによることが相当でないと認めるときも、同様である。

⑤　法第一九条の決定は、前項の規定によることができないときは、告知することを要しない。

⑥　裁判所書記官は、第一項から第四項までの場合には告知の方法、場所及び年月日を、前項の場合には告知しなかった旨を決定書又は決定を記載した調書に付記して押印しなければならない。

（決定と同行状の執行指揮）

第四条　①　法第一七条第一項第二号、第一七条の四第一項本文、第一八条、第一九条第二項（第二三条第三項において準用する場合を含む。）、第二〇条、第二三条第一項、第二四条第一項、第二六条の二本文及び第二七条の二第五項本文の決定並びに同行状は、決定をし又は同行状を発した家庭裁判所の裁判官の指揮に

よって執行する。

② 前項の指揮は、決定書の原本、決定書若しくは決定を記載した調書の謄本若しくは抄本又は同行状に押印して行うものとする。但し、急速を要するときは、少年の氏名及び年齢、決定の主文、告知の年月日、裁判所並びに裁判官の氏名を記載した書面に押印して行うことができる。

（決定の通知）

第五条 ①家庭裁判所は、検察官、司法警察員、都道府県知事又は児童相談所長から送致を受けた事件について法第一八条から第二〇条まで、第二三条又は第二四条第一項の決定をしたときは、その旨を送致をした者に通知しなければならない。保護観察所長から犯罪者予防更正法（昭和二四年法律第一四二号）第四十二条第一項の通告を受けた事件について法第二四条第一項第一号又は第三号の決定をしたときも同様である。

② 法第五五条の規定によって移送を受けた事件については、前項の規定を準用する。

③ 家庭裁判所は、法第二七条及び第二七条の二第一項の規定により保護処分を取り消したときは、その旨を保護処分を執行している保護観察所、児童自立支援施設、児童養護施設又は少年院の長に通知しなければならない。

（書類の作成者、調書への引用）

第六条 ① 保護事件に関する書類は、特別の定のある場合を除いては、裁判所書記官が作成する。但し、家庭裁判所調査官の調査その他についての書類は、家庭裁判所調査官が自ら作成することができる。

② 調書には、書面、写真、その他適当と認めるものを引用し、記録に添附してその一部とすることができる。

（事件の関係人等に対する通知）

第六条の二　①　この規則の規定により裁判所が行う通知は、裁判所書記官にさせることができる。
②　裁判所書記官は、裁判所又は裁判所書記官が法又はこの規則の規定による通知をしたときは、その旨を記録上明らかにしておかなければならない。
③　家庭裁判所調査官は、この規則の規定による通知をしたときは、その旨を記録上明らかにしておかなければならない。

（記録、証拠物の閲覧、謄写）

第七条　①　保護事件の記録又は証拠物は、法第五条の二第一項の規定による場合又は当該記録若しくは証拠物を保管する裁判所の許可を受けた場合を除いては、閲覧又は謄写することができない。
②　付添人は、前項の規定にかかわらず、審判開始の決定があった後は、保護事件の記録又は証拠物を閲覧することができる。（記録の閲覧又は謄写の申出の際に明らかにすべき事項・法第五条の二）

第七条の二　法第五条の二第一項の申出は、次に掲げる事項を明らかにしてしなければならない。
一　申出人の氏名又は名称及び住所
二　閲覧又は謄写を求める記録を特定するに足りる事項
三　申出人が法第五条の二第一項の申出をすることができる者であることの基礎となるべき事実
四　閲覧又は謄写を求める理由

第二章　調査及び審判

（家庭裁判所への送致の方式・法第八条等）

第八条 ① 検察官、司法警察員、都道府県知事又は児童相談所長が事件を家庭裁判所に送致するには、次に掲げる事項を記載した送致書によらなければならない。
一 少年及び保護者の氏名、年齢、職業及び住居並びに少年の本籍
二 審判に付すべき事由
三 その他参考となる事項
② 前項の場合において書類、証拠物その他参考となる資料があるときは、あわせて送付しなければならない。
③ 送致書には、少年の処遇に関して、意見をつけることができる。
④ 検察官は、家庭裁判所から送致を受けた事件を更に家庭裁判所に送致する場合には、送致書にその理由を記載しなければならない。
⑤ 保護観察所長が犯罪者予防更生法第四二条第一項の通告をする場合には、前四項の規定を準用する。

(通告の方式・法第六条)

第九条 ① 家庭裁判所の審判に付すべき少年を発見した者は、家庭裁判所に通告するには、審判に付すべき事由の外、なるべく、少年及び保護者の氏名、年齢、職業及び住居並びに少年の本籍を明らかにしなければならない。
② 前項の通告は、書面又は口頭ですることができる。口頭の通告があった場合には、家庭裁判所調査官又は裁判所書記官は、これを調書に記載する。
③ 第一項の場合には、前条第三項の規定を準用する。

(報告の方式・法第七条)

第九条の二 家庭裁判所調査官が法第七条第一項の規定により報告するには、次に掲げる事項を記載した報告書によらなければならない。
一 少年及び保護者の氏名、年齢、職業及び住居
二 審判に付すべき事由の要旨
三 その他参考となる事項

（家庭裁判所調査官の報告前の調査・法第七条）

第一〇条 家庭裁判所調査官は、法第七条第二項の調査をするについては、報告をするに必要な限度に止め、深入りしないように注意しなければならない。

（調査の方針・法第九条）

第一一条 ① 審判に付すべき少年については、家庭及び保護者の関係、境遇、経歴、教育の程度及び状況、不良化の経過、性行、事件の関係、心身の状況等審判及び処遇上必要な事項の調査を行うものとする。
② 家族及び関係人の経歴、教育の程度、性行及び遺伝関係等についても、できる限り、調査を行うものとする。
③ 心身の状況については、なるべく、少年鑑別所をして科学的鑑別の方法により検査させなければならない。
④ 少年を少年鑑別所に送致するときは、少年鑑別所に対し、なるべく、観護鑑別上の注意その他参考となる事項を示さなければならない。

（陳述録取調書の作成）

第一二条 ① 少年、保護者又は参考人の陳述が事件の審判上必要であると認めるときは、これを調書に記載

させ、又は記載しなければならない。

② 前項の調書には、陳述者をして署名押印させなければならない。

③ 家庭裁判所調査官は、第一項の場合において相当と認めるときは、少年、保護者又は参考人の陳述の要旨を記載した書面を作成し、これを同項の調書に代えることができる。

（家庭裁判所調査官の調査報告・法第八条）

第一三条 ① 家庭裁判所調査官は、調査の結果を書面で家庭裁判所に報告するものとする。

② 前項の書面には、意見をつけなければならない。

③ 家庭裁判所調査官は第一項の規定による報告の前後を問わず、少年の処遇に関し、家庭裁判所に対して意見を述べなければならない。

（意見陳述の申出の際に明らかにすべき事項・法第九条の二）

第一三条の二 法第九条の二本文の申出は、次に掲げる事項を明らかにしてしなければならない。

一 申出人の氏名又は名称及び住所

二 当該申出に係る事件を特定するに足りる事項

三 申出人が法第九条の二本文の申出をすることができる者であることの基礎となるべき事実

（意見聴取の日時等の通知・法第九条の二）

第一三条の三 家庭裁判所又は家庭裁判所調査官は、法第九条の二本文の規定により意見を聴取するときは、申出人に対し、その旨並びに意見を聴取する日時及び場所を通知しなければならない。

（意見聴取に当たっての配慮・法第九条の二）

第一三条の四　法第九条の二本文の規定により意見を聴取するときは、申出人の心身の状態に配慮するものとする。

（意見を聴取した旨の通知・法第九条の二）

第一三条の五　家庭裁判所は、付添人がある場合において、法第九条の二本文の規定による意見の聴取がされたときは、速やかにその旨を当該付添人に通知しなければならない。

（意見の要旨を記載した書面の作成・法第九条の二）

第一三条の六　①　家庭裁判所は、審判期日外において、法第九条の二本文の規定により自ら意見を聴取したときは、裁判所書記官に命じて、当該意見の要旨を記載した書面を作成させなければならない。

②　家庭裁判所調査官は、法第九条の二本文の規定により意見を聴取したときは、当該意見の要旨を記載した書面を作成しなければならない。

③　法第九条の二本文の規定による意見の陳述については、第一二条の規定は、通用しない。

（付添人・法第一〇条）

第一四条　①　弁護士である付添人の数は、三人を超えることができない。

②付添人を選任するには、付添人と連署した書面を差し出すものとする。この書面には、少年と付添人との関係を記載しなければならない。

③　前項の規定により付添人が署名押印すべき場合には、署名押印に代えて記名押印することができる。

④　付添人の選任は、審級ごとにしなければならない。

⑤　保護者が付添人となるには、書面でその旨を家庭裁判所に届け出るものとする。この場合には、第二項後

段及び前項の規定を準用する。

⑥ 付添人の選任の許可及び付添人となることの許可は、いつでも、取り消すことができる。

(呼び出し状の記載要件・法第一一条)

第一五条 調査又は、審判のための呼出状には、本人の氏名、年齢及び住居、保護事件について呼び出す旨、出頭すべき年月日時及び場所並びに正当な理由がなく出頭しないときは同行状を発することがある旨を記載し、裁判長が、記名押印しなければならない。

(呼出状の送達・法第一一条)

第一六条 ① 前条の呼出状は、送達する。

② 送達については、民事訴訟の送達に関する規程並びに刑事訴訟法(昭和二三年法律第一三一号)第六十五条第二項及び第三項の規定を準用する。ただし、就業場所における送達、送達場所等の届出及び公示送達に関する規定は、この限りでない。

(簡易の呼出)

第一六条の二 調査又は審判のための呼出は、呼出状の送達以外の相当と認める方法によってすることができる。

(同行状の記載要件・法第一一条等)

第一七条 ① 調査又は審判のための同行状には、本人の氏名、年齢及び住居、審判に付すべき事由、同行すべき場所、有効期間及びその期間経過後は執行に着手することができず令状はこれを返還しなければならない旨並びに発付の年月日を記載し、裁判長又は同行状を発する裁判官が、記名押印しなければならない。

② 緊急の場合に発する同行状には、前項の記載事項の外、特に発付を必要とする理由を具体的に記載しなければならない。
③ 裁判長は、法第一二条第二項の規定により前項の同行状を発する場合には、その旨を同行状に記載しなければならない。
④ 同行状の有効期間は、発付の日から七日とする。但し、相当と認めるときは、七日を超える期間を定めることができる。

(同行状の執行と執行後の処置・法第一三条)

第一八条 ① 同行状を執行するには、本人に示して、できる限り速やかに指定された場所に同行しなければならない。
② 同行状を所持しない場合においても、急速を要するときは、前項の規定にかかわらず、少年に対し、審判に付すべき事由及び同行状が発せられている旨を告げて、その執行をすることができる。但し、同行状は、できる限り速やかに示さなければならない。
③ 同行状を執行したときは、これに執行の場所及び年月日時を記載し、執行することができなかったときは、その事由を記載して記名押印しなければならない。
④ 同行状は、執行したとき、又は執行することができなかったときは、執行を指揮した裁判官に差し出さなければならない。
⑤ 裁判官は、同行状を受け取ったときは、執行することができなかった場合を除いて、裁判所書記官をして同行された年月日時を同行状に記載させなければならない。

（証人尋問等・法第一四条等）

第一九条　証人尋問、鑑定、通訳、翻訳、検証、押収及び捜索については、保護事件の性質に反しない限り、刑事訴訟規則（昭和二三年最高裁判所規則第三二号）中、裁判所の行うこれらの処分に関する規定を準用する。

（調査の嘱託）

第一九条の二　家庭裁判所は、他の家庭裁判所又は簡易裁判所に事実の調査を嘱託することができる。

（少年鑑別所送致決定手続において少年に告知すべき事項等）

第一九条の三　法第一七条第一項第二号の措置をとるに際しては、裁判長（同条第一〇項の規定による場合は、当該措置をとる裁判官）は、少年に対し、あらかじめ、供述を強いられることはないこと及び付添人を選任することができることを分かりやすく説明した上、審判に付すべき事由の要旨を告げ、これについて陳述する機会を与えなければならない。

（観護の措置等の方式・法第一七条等）

第二〇条　①　法第一七条第一項第一号又は第二号の決定をするには、家庭裁判所調査官又は少年鑑別所を指定するものとする。

②　法第一七条の四第一項本文の決定をするには、少年院又は拘置監を指定するものとする。

③　前二項の規定による指定は、いつでも、変更することができる。

（観護の措置の取消・法第一七条）

第二一条　観護の措置は、その必要がなくなったときは、速やかに取り消さなければならない。

（少年鑑別所等への通知）

第二一条の二　家庭裁判所は、法第一七条第一項第二号の措置がとられている事件の送致を受けたときは、その旨を少年を収容している少年鑑別所、少年院又は拘置監に通知しなければならない。法第一七条第一項第二号の措置がとられている事件について、法第一九条第二項（第二三条第三項において準用する場合を含む。）又は第二〇条の決定をしたときも、同様である。

（観護の措置に関する通知・法第一七条等）

第二二条　観護の措置をとり又はこれを取り消し若しくは変更したときはその旨を、法第一七条第一項第二号の措置がとられている事件について法第一九条第二項（第二三条第三項において準用する場合を含む。）又は第二〇条の決定をしたときは法第四五条第四号の規定により法第一七条第一項第二号の措置が勾留とみなされる旨を速やかに保護者及び付添人のうちそれぞれ適当と認める者に通知しなければならない。

（異議の申立て・法第一七条の二）

第二二条の二　①　法第一七条の二第一項本文の規定による異議の申立てがあった場合において、必要があると認めるときは、保護事件の係属する裁判所は、保護事件の記録及び証拠物を同条第三項前段の決定をすべき裁判所（以下「異議裁判所」という。）に送付しなければならない。

②　異議裁判所は、保護事件の記録及び証拠物の送付を求めることができる。

③　異議裁判所は、法第一七条の二第三項前段の決定をしたときは、その旨を保護事件の係属する裁判所に通知しなければならない。

④　第四三条、第四四条（同条第一項後段の規定及び同条第二項の規定中年月日の通知に係る部分を除く。）

第四五条第二項及び第四七条の規定は、法第十七条の二第一項本文の異議の申立てについて準用する。

（特別抗告・法第一七条の三）

第二二条の三　前条及び第四五条第一項の規定は、法第一七条の三第一項前段において準用する第三五条第一項本文の抗告について準用する。この場合において、前条第四項中「第四四条（同条第一項後段の規定及び同条第二項の規定中年月日の通知に係る部分を除く。）」とあるのは「第四四条」と、第四五条第一項中「速やかに記録とともに」とあるのは「速やかに」と読み替えるものとする。

（都道府県知事等への送致の方式・法第一八条）

第二三条　事件を都道府県知事又は児童相談所長に送致する決定をするには、送致すべき都道府県知事又は児童相談所長を指定するものとする。

（検察官への送致の方式・法第二〇条）

第二四条　事件を検察官に送致する決定をするには、罪となるべき事実及びその事実に適用すべき罰条を示さなければならない。

（観護の措置が勾留とみなされる場合の告知・法第四五条第四号等）

第二四条の二　①　法第一七条第一項第二号の措置がとられている事件について、法第一九条第二項（第二三条第三項において準用する場合を含む。）又は第二〇条の決定をするときは、裁判長が、あらかじめ、本人に対し、罪となるべき事実並びに刑事訴訟法第六〇条第一項各号の事由がある旨及び弁護人を選任することができる旨を告げなければならない。ただし、少年又は保護者が選任した弁護士である付添人があるときは、弁護人を選任することができる旨は告げることを要しない。

② 前項の規定により告知をする場合には、裁判所書記官が立ち会い、調書を作成する。

（審判開始の決定の取消）

第二四条の三 法第二一条の決定は、いつでも、取り消すことができる。

（審判期日の指定と呼出）

第二五条 ① 審判をするには、裁判長が、審判期日を定める。

② 審判期日には、少年及び保護者を呼び出さなければならない。

（事件の併合審判）

第二五条の二 同一の少年に対する二以上の事件は、なるべく併合して審判しなければならない。

（保護観察所等への通知）

第二六条 少年の処遇に関し、保護観察官若しくは保護司又は少年鑑別所に勤務する法務技官若しくは法務教官の意見を聴くことを相当と認めるときは、保護観察所又は少年鑑別所にその旨及び意見を聴くべき日時等を通知しなければならない。

（審判の場所）

第二七条 審判は、裁判所外においても行うことができる。

（審判期日の列席者等）

第二八条 ① 審判の席には、裁判官及び裁判所書記官が、列席する。

② 家庭裁判所調査官は、裁判長の許可を得た場合を除き、審判の席に出席しなければならない。

③ 少年が審判期日に出頭しないときは、審判を行うことができない。

④　付添人は、審判の席に出席することができる。

⑤　家庭裁判所は、審判期日を付添人に通知しなければならない。

（在席の許可）

第二九条　裁判長は、審判の席に、少年の親族、教員その他相当と認める者の在席を許すことができる。

（審判期日における告知等）

第二九条の二　裁判長は、第一回の審判期日の冒頭において、少年に対し、供述を強いられることはないことを分かりやすく説明した上、審判に付すべき事由の要旨を告げ、これについて陳述する機会を与えなければならない。この場合において、少年に付添人があるときは、当該付添人に対し、審判に付すべき事由について陳述する機会を与えなければならない。

（証拠調べの申出）

第二九条の三　少年、保護者及び付添人は、家庭裁判所に対し、証人尋問、鑑定、検証その他の証拠調べの申出をすることができる。

（少年本人質問）

第二九条の四　付添人は、審判の席において、裁判長に告げて、少年に発問することができる。

（追送書類等に関する通知）

第二九条の五　家庭裁判所は、法第二一条の決定をした後、当該決定をした事件について、検察官、保護観察所長、司法警察員、都道府県知事又は児童相談所長から書類、証拠物その他参考となる資料の送付を受けたときは、速やかにその旨を付添人に通知しなければならない。

（意見の陳述）

第三〇条　少年、保護者、付添人、家庭裁判所調査官、保護観察官、保護司、法務技官及び法務教官は、審判の席において、裁判長の許可を得て、意見を述べることができる。

（検察官関与決定の方式・法第二二条の二）

第三〇条の二　検察官関与決定の主文においては、審判に検察官を出席させる事件を明らかにしなければならない。

（国選付添人の選任・法第二二条の三）

第三〇条の三　①　家庭裁判所は、検察官関与決定をした場合において、少年に弁護士である付添人がないときは、遅滞なく、当該少年に対し、一定の期間を定めて、弁護士である付添人を選任するかどうかについて回答を求めなければならない。

②　前項の期間内に回答がなく又は弁護士である付添人の選任がないときは、裁判長は、直ちに当該家庭裁判所の所在地にある弁護士の中から付添人を選任しなければならない。ただし、当該家庭裁判所の所在地に弁護士がないときその他やむを得ない事情があるときは、当該家庭裁判所の管轄区域又はこれに隣接する他の家庭裁判所の管轄区域内にある弁護士の中から選任することができる。

（審判の準備）

第三〇条の四　①　家庭裁判所は、検察官関与決定をした場合において、適当と認めるときは、検察官及び弁護士である付添人を出頭させた上、当該決定をした事件の非行事実（法第五条の二第一項前段に規定する非行事実をいう。以下同じ。）を認定するための審判の進行に関し必要な事項について打合せを行うことができる。

②前項の打合せは、合議体の構成員に行わせることができる。

③　家庭裁判所は、裁判所書記官に命じて、審判の進行に関し必要な事項について検察官又は弁護士である付添人に問合せをさせることができる。

（検察官による記録又は証拠物の閲覧）

第三〇条の五　検察官は、検察官関与決定があった事件において、第七条第一項の規定にかかわらず、その非行事実の認定に資するため必要な限度で、保護事件の記録又は、証拠物を閲覧することができる。

（検察官の審判への出席等）

第三〇条の六　①　検察官は、検察官関与決定があった事件において、その非行事実の認定に資するため必要な限度で、審判（事件を終局させる決定の告知を行う審判を含む。）の席に出席し、並びに審判期日外における証人尋問、鑑定、通訳、翻訳、検証、押収及び捜索の手続に立ち会うことができる。

②　家庭裁判所は、検察官関与決定をしたときは、当該決定をした事件の非行事実を認定するための手続を行う審判期日及び当該事件を終局させる決定の告知を行う審判期日を検察官に通知しなければならない。

（検察官による証拠調べの申出）

第三〇条の七　検察官は、検察官関与決定があった事件において、その非行事実の認定に資するため必要な限度で、家庭裁判所に対し、証人尋問、鑑定、検証その他の証拠調べの申出をすることができる。

（検察官の尋問権等）

第三〇条の八　①　検察官は、検察官関与決定があった事件において、その非行事実の認定に資するため必要な限度で、裁判長に告げて、証人、鑑定人、通訳人及び翻訳人を尋問することができる。

② 検察官は、検察官関与決定があった事件において、その非行事実の認定に資するため必要な限度で、審判の席において、裁判長に告げて、少年に発問することができる。

（検察官に対する提出書類等に関する通知等）

第三〇条の九 ① 家庭裁判所は、検察官関与決定をした後、当該決定をした事件について、少年、保護者又は付添人から書類、証拠物その他参考となる資料の提出を受けたときは、速やかにその旨を検察官に通知しなければならない。

② 家庭裁判所は、検察官関与決定をした場合において、当該決定をした事件について、法第九条の二本文の規定による意見の聴取がされたときは、速やかにその旨を検察官に通知しなければならない。

（検察官による意見の陳述）

第三〇条の一〇 検察官は、検察官関与決定があった事件において、その非行事実の認定に資するため必要な限度で、審判の席において、裁判長の許可を得て、意見を述べることができる。

（適正な審判のため等の措置）

第三一条 ① 裁判長は、適正な審判をするため必要があると認めるときは、発言を制止し、又は少年以外の者を退席させる等相当の措置をとることができる。

② 裁判長は、少年の情操を害するものと認める状況が生じたときは、その状況の継続中、少年を退席させることができる。

（裁判官の回避）

第三二条　裁判官は、審判の公平について疑を生ずべき事由があると思料するときは、職務の執行を避けなければならない。

（審判調書）

第三三条　①　審判期日における手続については、審判調書を作成する。

②　審判調書には、次に掲げる事項その他審判に関する重要な事項を記載する。

一　審判をした裁判所、年月日及び場所

二　裁判官及び裁判所書記官並びに出席した家庭裁判所調査官、検察官、保護観察官、保護司、法務技官及び法務教官の氏名

三　少年並びに出席した保護者及び付添人の氏名

四　家庭裁判所調査官、検察官、保護観察官、保護司、法務技官、法務教官、保護者及び付添人の陳述の要旨

四の二　法第九条の二本文の規定により聴取した意見の要旨

五　少年の陳述の要旨

六　証人、鑑定人、通訳人及び翻訳人並びに参考人の供述の要旨

七　決定その他の処分をしたこと

八　裁判長が記載を命じた事項

③　裁判所書記官は、裁判長の許可があるときは、審判調書の作成又は前項第一号から第七号までに掲げる記載事項の一部を省略することができる。ただし、抗告又は法第三二条の四第一項の規定による申立て（以下

「抗告受理の申立て」という。）があった場合は、この限りではない。

（審判調書の署名押印及び認印）

第三四条 ① 審判調書には、裁判所書記官が署名押印し、裁判長が認印しなければならない。

② 裁判長に差し支えがあるときは、他の裁判官の一人がその事由を付記して認印しなければならない。ただし、いずれの裁判官にも差し支えがあるときは、裁判所書記官がその事由を付記して署名押印すれば足りる。

③ 第一項及び前項ただし書の規定により裁判所書記官が署名押印すべき場合には、署名押印に代えて記名押印することができる。

④裁判所書記官に差し支えがあるときは、裁判長がその事由を付記して認印すれば足りる。

（保護処分の決定の言渡・法第二四条）

第三五条 ① 保護処分の決定を言い渡す場合には、少年及び保護者に対し、保護処分の趣旨を懇切に説明し、これを充分に理解させるようにしなければならない。

② 前項の場合には、二週間以内に抗告の申立書を裁判所に差し出して抗告をすることができる旨を告げなければならない。

（保護処分の決定の方式・法第二四条）

第三六条 罪を犯した少年の事件について保護処分の決定をするには、罪となるべき事実及びその事実に適用すべき法令を示さなければならない。

（各種の保護処分の形式と通知）

第三七条 ① 法第二四条第一項第一号の決定をするには、保護観察をすべき保護観察所を、同項第三号の決定をするには、送致すべき少年院の種類を指定するものとする。

② 法第二四条第一項第一号の決定をしたときは保護観察所長に、同項第二号の決定をしたときは児童相談所長に、同項第三号の決定をしたときは少年鑑別所長にその旨を通知しなければならない。

（参考書類の送付等）

第三七条の二 ① 前条第二項の通知をするときは、少年の処遇に関する意見書及び少年調査票その他少年の処遇上参考となる書類（以下参考書類という。）を送付することができる。

② 参考書類の取扱については、家庭裁判所の指示するところに従わなければならない。

③ 家庭裁判所は、執務上必要があると認めるときは、いつでも、参考書類の返還を求めることができる。

④ 保護処分が終了し又は取り消されたときは、速やかに参考書類を家庭裁判所に返還しなければならない。

（没取の決定の執行等・法第二四条の二）

第三七条の三 没取の決定の執行及び没取物の処分は、家庭裁判所が刑事訴訟法（昭和二三年法律第一三一号）中没収の裁判の執行及び没収物の処分に関する規定に準じて行う。

（保護処分の決定後の処置）

第三八条 ① 保護処分の決定をした家庭裁判所は、当該少年の動向に関心を持ち、随時、その成績を視察し、又は家庭裁判所調査官をして視察させるように努めなければならない。

② 保護処分の決定をした家庭裁判所は、必要があると認めるときは、少年の処遇に関し、保護観察所、児童自立支援施設、児童養護施設又は少年院に勧告をすることができる。

（環境調整の措置・法第二四条）

第三九条　保護観察所長をして家庭その他の環境調整に関する措置を行わせる場合には、環境についての調査の結果を通知し、且つ必要な事項を指示しなければならない。

（家庭裁判所調査官の観察に付する決定の方式等・法第二五条）

第四〇条　①　家庭裁判所調査官の観察に付する決定をするには、家庭裁判所調査官を指定するものとする。この場合には、観察の期間を定めることができる。

②　遵守事項を定めてその履行を命ずる場合には、その事項を具体的且つ明瞭に指示し、少年をして自発的にこれを遵守しようとする心構えを持たせるように努めなければならない。

③　条件をつけて保護者に引き渡す場合には、保護者に対し、少年の保護監督について必要な条件を具体的に指示しなければならない。

④　適当な施設、団体又は個人に補導を委託する場合には、委託を受ける者に対し、少年の補導上参考となる事項を指示しなければならない。

⑤　家庭裁判所調査官の観察については、第一三条の規定を準用する。

⑥　家庭裁判所調査官の観察に付する決定は、いつでも、取り消し又は変更することができる。

（執行のための呼出状の記載要件・法第二六条）

第四一条　決定の執行をするための呼出状には、本人の氏名、年齢及び住居、執行すべき決定の種類、出頭すべき年月日時及び場所並びに正当な理由がなく出頭しないときは同行状を発することがある旨を記載し、裁判長が、記名押印しなければならない。

（執行のための同行状の記載要件と執行・法第二六条）

第四二条　①　決定の執行をするための同行状には、本人の氏名、年齢及び住居、執行すべき決定の種類、同行すべき場所並びに発付の年月日を記載し、裁判長又は同行状を発する裁判官が、記名押印しなければならない。

②　裁判長は、法第二六条第六項の規定により同条第四項の同行状を発する場合には、その旨を同行状に記載しなければならない。

③　第一項の同行状の執行については第一八条の規定を準用する。

（通知の申出の際に明らかにすべき事項等・法第三一条の二）

第四二条の二　①　法第三一条の二第一項本文の申出は、次に掲げる事項を明らかにしてしなければならない。

一　申出人の氏名又は名称及び住所

二　当該申出に係る事件を特定するに足りる事項

三　申出人が法第三一条の二第一項本文の申出をすることができる者であることの基礎となるべき事実

②　法第三一条の二第一項本文の申出及び同項本文の通知の受領については、弁護士でなければ代理人となることができない。

第三章　抗　告

（抗告申立の方式・法第三二条）

第四三条　①　抗告をするには、申立書を原裁判所に差し出すものとする。

②　前項の申立書には、抗告の趣意を簡潔に明示しなければならない。

（収容中の少年の抗告申立て等・法第三二条）

第四四条　①　少年鑑別所、児童自立支援施設、児童養護施設又は少年院にいる少年が抗告をするには、施設の長又はその代理者を経由して申立書を差し出すことができる。この場合において、抗告の提起期間内に申立書を施設の長又はその代理者に差し出したときは、抗告の提起期間内に抗告をしたものとみなす。

②　前項の場合には、施設の長又はその代理者は、原裁判所に申立書を送付し、且つこれを受け取った年月日を通知しなければならない。

③　原裁判所は、第一項前段の少年の保護事件についてした保護処分の決定に対する抗告申立書を受け取ったときは、同項前段の場合を除き、速やかにその旨を当該少年のいる施設の長又はその代理者に通知しなければならない。

（抗告申立書の送付）

第四五条　①　原裁判所は、抗告申立書を受け取ったときは、速やかに記録とともに抗告裁判所に送付しなければならない。

②　前項の場合には、原裁判所は、抗告申立書に意見書をつけることができる。

（証拠物の送付）

第四五条の二　①　原裁判所は、必要があると認めるときは、証拠物を抗告裁判所に送付しなければならない。

②　抗告裁判所は、証拠物の送付を求めることができる。

（抗告の通知）

第四六条　児童自立支援施設、児童養護施設又は少年院に送致する決定に対して抗告がなされたときは、原裁判所は、遅滞なく少年のいるこれらの施設を抗告裁判所に通知しなければならない。

（検察官に対する抗告の通知）

第四六条の二 原裁判所は、検察官関与決定をした事件についてした保護処分の決定に対する抗告申立書を受け取ったときは、検察官に対し、抗告があった旨及び抗告の趣意を通知しなければならない。

（抗告受理の申立て・法第三二条の四）

第四六条の三 ① 法第三二項の四第二項前段の申立書には、抗告受理の申立ての理由を具体的に記載しなければならない。

② 原裁判所は、速やかに前項の申立書とともに記録を高等裁判所に送付しなければならない。

③ 原裁判所は、第一項の申立書を受け取ったときは、少年及び保護者に対し、抗告受理の申立てがあった旨及び抗告受理の申立ての理由を通知しなければならない。

④ 高等裁判所は、法第三二条の四第三項の決定（以下「抗告受理決定」という。）をするときは、当該決定において、抗告受理の申立ての理由中同条第四項の規定により排除するものを明らかにしなければならない。

⑤ 抗告受理決定があったときは、抗告裁判所は、少年及び保護者に対し、その決定の内容を通知しなければならない。

⑥ 第四四条第一項前段の少年の保護事件についてされた決定に対する抗告受理の申立てに対し抗告受理決定があったときは、抗告裁判所は、速やかにその旨を当該少年のいる施設の長又はその代理者に通知しなければならない。

⑦ 高等裁判所は、抗告受理の申立てがあった場合において、抗告審として事件を受理しないときは、法第三

二条の四第五項の期間内にその旨を決定しなければならない。
⑧　高等裁判所は、前項の決定をしたときは、少年及び保護者に対し、その旨を通知しなければならない。
⑨　第四五条第二項、第四五条の二及び第四六条の規定は、抗告受理の申立てがあった場合について準用する。この場合において、第四六条中「抗告が」とあるのは、「抗告受理の申立てが」と読み替えるものとする。

（抗告審における国選付添人の選任・法第三二条の五等）
第四六条の四　①　第三〇条の三第一項の規定は、抗告裁判所が弁護士である付添人を付すべき場合について準用する。
②　前項において準用する第三〇条の三第一項の期間内に回答がなく又は弁護士である付添人の選任がないときは、裁判長は、直ちに抗告裁判所の所在地にある弁護士の中から付添人を選任しなければならない。ただし、やむを得ない事情があるときは、抗告裁判所の所在地を管轄する家庭裁判所の管轄区域又はこれに隣接する他の家庭裁判所の管轄区域内にある弁護士の中から選任することができる。
③　裁判長は、前項の規定にかかわらず、抗告審の審理のため特に必要があると認めるときは、原裁判所が付した付添人であった弁護士を付添人に選任することができる。

（準用規定）
第四六条の五　前条に定めるもののほか、抗告審の審理については、その性質に反しない限り、家庭裁判所の審判に関する規定を準用する。

（執行停止の決定をする裁判所・法第三四条）
第四七条　抗告中の事件について原決定の執行を停止する決定は、記録が抗告裁判所に到達する前は、原裁判所が、到達した後は、抗告裁判所がするものとする。

（検察官に対する決定の通知）

第四八条 抗告裁判所は、法第二二条の二第一項（第三二条の六において準用する場合を含む。）の決定があった事件について法第三三条の決定をしたときは、その旨を検察官に通知しなければならない。

第四九条及び第五〇条 削除

（決定の効力等）

第五一条 ① 抗告裁判所は、原決定を取り消す決定が確定した場合において、少年が児童自立支援施設、児童養護施設又は少年院にいるときは、直ちにこれらの施設の長に対し、事件の差戻し又は移送を受けた家庭裁判所にその少年を送致すべきことを命じなければならない。

② 前項の場合には、施設の長は、直ちに所属の職員をして事件の差戻し又は移送を受けた家庭裁判所に少年を送致させなければならない。

（差戻し又は移送後の審判）

第五二条 ① 抗告裁判所から差し戻し又は移送を受けた事件については、更に審判をしなければならない。

② 前項の場合には、原決定に関与した裁判官は、審判に関与することができない。

第五三条 削除

（準用規定）

第五四条 法第三五条第一項本文の抗告については、第四三条から第四六条の二まで、第四六条の四から第四八条まで、第五一条及び第五二条の規定を準用する。この場合において、第四六条の二中「検察官関与決定をした事件についてした保護処分の決定」とあるのは「法第二二条の二第一項(第三二条の六において準用する場合を含む。)の決定があった事件についてした法第三三条の決定」と、第四八条中「第三二条の六」とあるのは「第三二条の六(第三五条第二項前段において準用する場合を含む。)」と、「第三三条」とあるのは「第三五条第二項前段において準用する第三三条」と読み替えるものとする。

第四章　雑　則

(収容継続申請事件等の手続)

第五五条　少年院法第一一条の規定による収容継続申請事件及び犯罪者予防更生法第四三条の規定による戻収容申請事件の手続は、その性質に反しない限り、少年の保護事件の例による。

(連戻状の請求等)

第五六条　①　少年院法第一四条第三項の規定による連戻状の請求は、書面でしなければならない。

②　連戻状の請求書には、次に掲げる事項を記載しなければならない。

一　本人の氏名、年齢及び住居又は現在地。住居及び現在地が明らかでないときは、その旨
二　本人を少年院に収容しておくことができる期間の最終日
三　連れ戻すべき事由
四　連れ戻すべき少年院その他の場所
五　請求者の官職氏名
六　三〇日を超える有効期間を必要とするときは、その旨及び事由

七　連戻状を数通必要とするときは、その旨及び事由
八　同一事由により本人に対し前に連戻状の請求又はその発付があったときは、その旨
③　連戻状の請求書には、謄本一通を添付しなければならない。
④　連戻状を請求するには、連れ戻すべき事由があることを認めるべき資料を提供しなければならない。
⑤　連戻状の請求を受けた裁判官は、必要があると認めるときは、連戻状の請求をした少年院の長又はその少年院の職員の出頭を求めてその陳述を聴き、又はこれらの者に対し書類その他の物の提示を求めることができる。

（連戻状の記載要件等）
第五七条　①　連戻状には、次に掲げる事項を記載し、裁判官が、記名押印する。
一　本人の氏名、年齢及び住居又は現在地。住居及び現在地が明らかでないときは、その旨
二　本人を少年院に収容しておくことができる期間の最終日
三　連れ戻すべき事由
四　連れ戻すべき少年院その他の場所
五　請求者の官職氏名
六　有効期間
七　有効期間経過後は、連戻しに着手することができず、連戻状は返還しなければならない旨
八　発付の年月日
②　連戻状の有効期間は、発付の日から三〇日とする。但し、連戻状の請求を受けた裁判官は、相当と認める

ときは、三〇日を超える期間を定めることができる。

③　連戻状は、連絡状の請求書の謄本及びその記載を利用して作ることができる。

④　連戻状は、請求により、数通を発することができる。

⑤　連戻状による連戻しについては、第十八条第一項から第三項までの規定を準用する。

⑥裁判官が連戻状の請求を却下するには、請求書の謄本にその旨を記載し、記名押印してこれを請求者に交付すれば足りる。

（準用規定）

第五八条　少年院法第一七条第二項の規定により準用する同法第一四条の規定による少年鑑別所の長の連戻状の請求及びその請求による連戻状については、前二条の規定を準用する。

少年法（昭和二三・七・一五 法一六八）

施行　昭和二四・一・一（附則）

改正　昭和二三法二五二、昭和二四法一四三・法二一二・法二四六、昭和二五法九六・法九八・法二〇四、昭和二六法五九、昭和二七法二六八、昭和二八法八六、昭和二九法一二六・法一六三、昭和六〇法四五、昭和六二法九九、平成七法九一、平成九法七四、平成一一法八七、平成一二法一四二

目次

第一章　総　則

（この法律の目的）

第一条　この法律は、少年の健全な育成を期し、非行のある少年に対して性格の矯正及び環境の調整に関する保護処分を行うとともに、少年及び少年の福祉を害する成人の刑事事件について特別の措置を講ずることを目的とする。

（少年、成人、保護者）

第二条　①　この法律で「少年」とは、二〇歳に満たない者をいい、「成人」とは、満二〇歳以上の者をいう。

②　この法律で「保護者」とは、少年に対して法律上監護教育の義務ある者及び少年を現に監護する者をいう。

第二章　少年の保護事件

第一節　通　則

（審判に付すべき少年）

第三条①　次に掲げる少年は、これを家庭裁判所の審判に付する。

一　罪を犯した少年

二　一四歳に満たないで刑罰法令に触れる行為をした少年

三　次に掲げる事由があつて、その性格又は環境に照して、将来、罪を犯し、又は刑罰法令に触れる行為をする虞のある少年

イ　保護者の正当な監督に服しない性癖のあること。

ロ　正当の理由がなく家庭に寄り附かないこと。

ハ　犯罪性のある人若しくは不道徳な人と交際し、又はいかがわしい場所に出入すること。

二　自己又は他人の徳性を害する行為をする性癖のあること。

② 家庭裁判所は、前項第二号に掲げる少年及び同項第三号に掲げる少年で一四歳に満たない者については、都道府県知事又は児童相談所長から送致を受けたときに限り、これを審判に付することができる。

（判事補の職権）

第四条　第二〇条の決定以外の裁判は、判事補が一人でこれをすることができる。

（管轄）

第五条① 保護事件の管轄は、少年の行為地、住所、居所又は現在地による。

② 家庭裁判所は、保護の適正を期するため特に必要があると認めるときは、決定をもつて、事件を他の管轄家庭裁判所に移送することができる。

③ 家庭裁判所は、事件がその管轄に属しないと認めるときは、決定をもつて、これを管轄家庭裁判所に移送しなければならない。

（被害者等による記録の閲覧及び謄写）

第五条の二　① 裁判所は、第三条第一項第一号に掲げる少年に係る保護事件について、第二一条の決定があつた後、最高裁判所規則の定めるところにより当該保護事件の被害者等（被害者又はその法定代理人若しくは被害者が死亡した場合若しくはその心身に重大な故障がある場合におけるその配偶者、直系の親族若しくは兄弟姉妹をいう。以下この項及び第三一条の二において同じ。）又は被害者等から委託を受けた弁護士から、その保管する当該保護事件の記録（当該保護事件の非行事実（犯行の動機、態様及び結果その他の当該犯罪に密接に関連する重要な事実を含む。以下同じ。）に係る部分に限る。）の閲覧又は謄写の申出があるときは、当該被害者等の損害賠償請求権の行使のために必要があると認める場合その他正当な理由がある場合であつて、少年の健全な育成に対する影響、事件の性質、調査又は審判の状況その他の事情を考慮して相当と認めるときは、申出をした者にその閲覧又は謄写をさせることができる。第三条第一項第二号に掲げる少年に係る保護事件についても、同様とする。

② 前項の申出は、その申出に係る保護事件を終局させる決定が確定した後三年を経過したときは、することができない。

③ 第一項の規定により記録の閲覧又は謄写をした者は、正当な理由がないのに閲覧又は謄写により知り得た少年の氏名その他少年の身上に関する事項を漏らしてはならず、かつ、閲覧又は謄写により知り得た事項をみだりに用いて、少年の健全な育成を妨げ、関係人の名誉若しくは生活の平穏を害し、又は調査若しくは審判に支障を生じさせる行為をしてはならない。

（閲覧又は謄写の手数料）

第五条の三　前条第一項の規定による記録の閲覧又は謄写の手数料については、その性質に反しない限り、民事訴訟費用等に関する法律（昭和四六年法律第四〇号）第七条から第一〇条まで及び別表第二の一の項の規定（同項上欄中「（事件の係属中に当事者等が請求する者を除く。）」とある部分を除く。）を準用する。

第二節　調査及び審判

（通　告）

第六条　① 家庭裁判所の審判に付すべき少年を発見した者は、これを家庭裁判所に通告しなければならない。

② 警察官又は保護者は、第三条第一項第三号に掲げる少年について、直接これを家庭裁判所に送致し、又は

通告するよりも、先づ児童福祉法（昭和二二年法律第一六四号）による措置にゆだねるのが適当であると認めるときは、その少年を直接児童相談所に通告することができる。

③　都道府県知事又は児童相談所長は、児童福祉法の適用がある少年について、たまたま、その行動の自由を制限し、又はその自由を奪うような強制的措置を必要とするときは、同法第三三条及び第四七条の規定により認められる場合を除き、これを家庭裁判所に送致しなければならない。

（家庭裁判所調査官の報告）

第七条　①　家庭裁判所調査官は、家庭裁判所の審判に付すべき少年を発見したときは、これを裁判官に報告しなければならない。

②　家庭裁判所調査官は、前項の報告に先だち、少年及び保護者について、事情を調査することができる。

（事件の調査）

第八条①　家庭裁判所は、前二条の通告又は報告により、審判に付すべき少年があると思料するときは、事件について調査しなければならない。検察官、司法警察員、都道府県知事又は児童相談所長から家庭裁判所の審判に付すべき少年事件の送致を受けたときも、同様である。

②　家庭裁判所は、家庭裁判所調査官に命じて、少年、保護者又は参考人の取調その他の必要な調査を行わせることができる。

（調査の方針）

第九条　前条の調査は、なるべく、少年、保護者又は関係人の行状、経歴、素質、環境等について、医学、心理学、教育学、社会学その他の専門的智識特に少年鑑別所の鑑別の結果を活用して、これを行うように努めなければならない。

（被害者等の申出による意見の聴取）

第九条の二　家庭裁判所は、最高裁判所規則の定めるところにより第三条第一項第一号又は第二号に掲げる少年に係る事件の被害者又はその法定代理人若しくは被害者が死亡した場合におけるその配偶者、直系の親族若しくは兄弟姉妹から、被害に関する心情その他の事件に関する意見の陳述の申出があるときは、自らこれを聴取し、又は家庭裁判所調査官に命じてこれを聴取させるものとする。ただし、事件の性質、調査又は審判の状況その他の事情を考慮して、相当でないと認めるときは、この限りでない。

（付添人）

第一〇条　①　少年及び保護者は、家庭裁判所の許可を受けて、付添人を選任することができる。ただし、弁護士を付添人に選任するには、家庭裁判所の許可を要しない。

②　保護者は、家庭裁判所の許可を受けて、付添人となることができる。

（呼出、同行）

第一一条　①　家庭裁判所は、事件の調査又は審判について必要があると認めるときは、少年又は保護者に対して、呼出状を発することができる。

②　家庭裁判所は、正当の理由がなく前項の呼出に応じない者に対して、同行状を発することができる。

（緊急の場合の同行）

第一二条　①　家庭裁判所は、少年が保護のため緊急を要する状態にあつて、その福祉上必要であると認めるときは、前条第二項の規定にかかわらず、その少年に対して、同行状を発することができる。

② 裁判長は、急速を要する場合には、前項の処分をし、又は合議体の構成員にこれをさせることができる。

（同行状の執行）

第一三条 ① 同行状は、家庭裁判所調査官がこれを執行する。

② 家庭裁判所は、警察官、保護観察官又は裁判所書記官をして、同行状を執行させることができる。

③ 裁判長は、急速を要する場合には、前項の処分をし、又は合議体の構成員にこれをさせることができる。

（証人尋問・鑑定・通訳・翻訳）

第一四条 ① 家庭裁判所は、証人を尋問し、又は鑑定、通訳若しくは翻訳を命ずることができる。

② 刑事訴訟法（昭和二三年法律第一三一号）中、裁判所の行う証人尋問、鑑定、通訳及び翻訳に関する規定は、保護事件の性質に反しない限り、前項の場合に、これを準用する。

（検証、押収、捜索）

第一五条 ① 家庭裁判所は、検証、押収又は捜索をすることができる。

② 刑事訴訟法中、裁判所の行う検証、押収及び捜索に関する規定は、保護事件の性質に反しない限り、前項の場合に、これを準用する。

（援助、協力）

第一六条 ① 家庭裁判所は、調査及び観察のため、警察官、保護観察官、保護司、児童福祉司（児童福祉法第一一条第一項に規定する児童福祉司をいう。第二六条第一項において同じ。）又は児童委員に対して、必要な援助をさせることができる。

② 家庭裁判所は、その職務を行うについて、公務所、公私の団体、学校、病院その他に対して、必要な協力

を求めることができる。

（観護の措置）

第一七条　①　家庭裁判所は、審判を行うため必要があるときは、決定をもつて、次に掲げる観護の措置をとることができる。

一　家庭裁判所調査官の観護に付すること。

二　少年鑑別所に送致すること。

②　同行された少年については、観護の措置は、遅くとも、到着のときから二四時間以内に、これを行わなければならない。検察官又は司法警察員から勾留又は逮捕された少年の送致を受けたときも、同様である。

③　第一項第二号の措置においては、少年鑑別所に収容する期間は、二週間を超えることができない。ただし、特に継続の必要があるときは、決定をもつて、これを更新することができる。

④　前項ただし書の規定による更新は、一回を超えて行うことができない。ただし、第三条第一項第一号に掲げる少年に係る死刑、懲役又は禁錮《こ》に当たる罪の事件でその非行事実の認定に関し証人尋問、鑑定若しくは検証を行うことを決定したもの又はこれを行つたものについて、少年を収容しなければ審判に著しい支障が生じるおそれがあると認めるに足りる相当の理由がある場合には、その更新は、さらに二回を限度として、行うことができる。

⑤　第三項ただし書の規定にかかわらず、検察官から再び送致を受けた事件が先に第一項第二号の措置がとられ、又は勾留状が発せられた事件であるときは、収容の期間は、これを更新することができない。

⑥　裁判官が第四三条第一項の請求により、第一項第一号の措置をとつた場合において、事件が家庭裁判所に

送致されたときは、その措置は、これを第一項第一号の措置とみなす。

⑦　裁判官が第四三条第一項の請求により第一項第二号の措置をとつた場合において、事件が家庭裁判所に送致されたときは、その措置は、これを第一項第二号の措置とみなす。この場合には、第三項の期間は、家庭裁判所が事件の送致を受けた日から、これを起算する。

⑧　観護の措置は、決定をもつて、これを取り消し、又は変更することができる。

⑨　第一項第二号の措置については、収容の期間は、通じて八週間を超えることができない。ただし、その収容の期間が通じて四週間を超えることとなる決定を行うときは、第四項ただし書に規定する事由がなければならない。

⑩　裁判長は、急速を要する場合には、第一項及び第八項の処分をし、又は合議体の構成員にこれをさせることができる。

（異議の申立て）

第一七条の二　①　少年、その法定代理人又は付添人は、前条第一項第二号又は第三項ただし書の決定に対して、保護事件の係属する家庭裁判所に異議の申立てをすることができる。ただし、付添人は、選任者である保護者の明示した意思に反して、異議の申立てをすることができない。

②　前項の異議の申立ては、審判に付すべき事由がないことを理由としてすることはできない。

③　第一項の異議の申立てについては、家庭裁判所は、合議体で決定をしなければならない。この場合において、その決定には、原判決に関与した裁判官は、関与することができない。

④　第三二条の三、第三三条及び第三四条の規定は、第一項の異議の申立てがあつた場合について準用する。

この場合において、第三三条第二項中「取り消して、事件を原裁判所に差し戻し、又は他の家庭裁判所に移送しなければならない」とあるのは、「取り消し、必要があるときは、更に裁判をしなければならない」と読み替えるものとする。

（特別抗告）

第一七条の三 ① 第三五条第一項の規定は、前条第三項の決定について準用する。この場合において、第三十五条第一項中「二週間」とあるのは、「五日」と読み替えるものとする。

② 前条第四項及び第三二条の二の規定は、前項の規定による抗告があつた場合について準用する。

（少年鑑別所送致の場合の仮収容）

第一七条の四 ① 家庭裁判所は、第一七条第一項第二号の措置をとつた場合において、直ちに少年鑑別所に収容することが著しく困難であると認める事情があるときは、決定をもつて、少年を仮に最寄りの少年院又は拘置監（監獄法（明治四一年法律第二八号）第一条第三項の規定により代用されるものを含まない。）の特に区別した場所に収容することができる。ただし、その期間は、収容した時から七二時間を超えることができない。

② 裁判長は、急速を要する場合には、前項の処分をし、又は合議体の構成員にこれをさせることができる。

③ 第一項の規定による収容の期間は、これを第一七条第一項第二号の措置により少年鑑別所に収容した期間とみなし、同条第三項の期間は、少年院又は拘置監に収容した日から、これを起算する。

④ 裁判官が第四三条第一項の請求のあつた事件につき、第一項の収容をした場合において、事件が家庭裁判所に送致されたときは、その収容は、これを第一項の規定による収容とみなす。

（児童福祉法の措置）
第一八条　①　家庭裁判所は、調査の結果、児童福祉法の規定による措置を相当と認めるときは、決定をもつて、事件を権限を有する都道府県知事又は児童相談所長に送致しなければならない。
②　第六条第三項の規定により、都道府県知事又は児童相談所長から送致を受けた少年については、決定をもつて、期限を附して、これに対してとるべき保護の方法その他の措置を指示して、事件を権限を有する都道府県知事又は児童相談所長に送致することができる。
（審判を開始しない旨の決定）
第一九条　①　家庭裁判所は、調査の結果、審判に付することができず、又は審判に付するのが相当でないと認めるときは、審判を開始しない旨の決定をしなければならない。
②　家庭裁判所は、調査の結果、本人が二〇歳以上であることが判明した時は、前項の規定にかかわらず、決定をもつて、事件を管轄地方裁判所に対応する検察庁の検察官に送致しなければならない。
（検察官への送致）
第二〇条　①　家庭裁判所は、死刑、懲役又は禁錮に当たる罪の事件について、調査の結果、その罪質及び情状に照らして刑事処分を相当と認めるときは、決定をもつて、これを管轄地方裁判所に対応する検察庁の検察官に送致しなければならない。
②　前項の規定にかかわらず、家庭裁判所は、故意の犯罪行為により被害者を死亡させた罪の事件であつて、その罪を犯すとき一六歳以上の少年に係るものについては、同項の決定をしなければならない。ただし、調査の結果、犯行の動機及び態様、犯行後の情況、少年の性格、年齢、行状及び環境その他の事情を考慮し、

刑事処分以外の措置を相当と認めるときは、この限りでない。

（審判開始の決定）

第二一条　家庭裁判所は、調査の結果、審判を開始するのが相当であると認めるときは、その旨の決定をしなければならない。

（審判の方式）

第二二条　①　審判は、懇切を旨として、和やかに行うとともに、非行のある少年に対し自己の非行について内省を促すものとしなければならない。

②　審判は、これを公開しない。

③　審判の指揮は、裁判長が行う。

（検察官の関与）

第二二条の二　①　家庭裁判所は、第三条第一項第一号に掲げる少年に係る事件であつて、次に掲げる罪のものにおいて、その非行事実を認定するための審判の手続に検察官が関与する必要があると認めるときは、決定をもつて、審判に検察官を出席させることができる。

一　故意の犯罪行為により被害者を死亡させた罪

二　前号に掲げるもののほか、死刑又は無期若しくは短期二年以上の懲役若しくは禁錮に当たる罪

②　家庭裁判所は、前項の決定をするには、検察官の申出がある場合を除き、あらかじめ、検察官の意見を聴かなければならない。

③　検察官は、第一項の決定があつた事件において、その非行事実の認定に資するため必要な限度で、最高裁

判所規則の定めるところにより、事件の記録及び証拠物を閲覧し及び謄写し、審判の手続（事件を終局させる決定の告知を含む。）に立ち会い、少年及び証人その他の関係人に発問し、並びに意見を述べることができる。

（検察官が関与する場合の国選付添人）

第二二条の三 ① 家庭裁判所は、前条第一項の決定をした場合において、少年に弁護士である付添人がないときは、弁護士である付添人を付さなければならない。

② 前項の規定により家庭裁判所が付すべき付添人は、最高裁判所規則の定めるところにより、選任するものとする。

③ 前項の規定により選任された付添人は、旅費、日当、宿泊料及び報酬を請求することができる。

（審判開始後保護処分に付しない場合）

第二三条 ① 家庭裁判所は、審判の結果、第一八条又は第二〇条にあたる場合であると認めるときは、それぞれ、所定の決定をしなければならない。

② 家庭裁判所は、審判の結果、保護処分に付することができず、又は保護処分に付する必要がないと認めるときは、その旨の決定をしなければならない。

③ 第一九条第二項の規定は、家庭裁判所の審判の結果、本人が二〇歳以上であることが判明した場合に準用する。

（保護処分の決定）

第二四条 ① 家庭裁判所は、前条の場合を除いて、審判を開始した事件につき、決定をもつて、次に掲げる保護処分をしなければならない。

一　保護観察所の保護観察に付すること。

二　児童自立支援施設又は児童養護施設に送致すること。

三　少年院に送致すること。

②　前項第一号及び第三号の保護処分においては、保護観察所の長をして、家庭その他の環境調整に関する措置を行わせることができる。

（没取）

第二四条の二　①　家庭裁判所は、第三条第一項第一号及び第二号に掲げる少年について、第一八条、第一九条、第二三条第二項又は前条第一項の決定をする場合には、決定をもつて、次に掲げる物を没取することができる。

一　刑罰法令に触れる行為を組成した物

二　刑罰法令に触れる行為に供し、又は供しようとした物

三　刑罰法令に触れる行為から生じ、若しくはこれによつて得た物又は刑罰法令に触れる行為の報酬として得た物

四　前号に記載した物の対価として得た物

②　没取は、その物が本人以外の者に属しないときに限る。但し、刑罰法令に触れる行為の後、本人以外の者が情を知つてその物を取得したときは、本人以外の者に属する場合であつても、これを没取することができる。

（家庭裁判所調査官の観察）

第二五条 ① 家庭裁判所は、第二四条第一項の保護処分を決定するため必要があると認めるときは、決定をもつて、相当の期間、家庭裁判所調査官の観察に付することができる。

② 家庭裁判所は、前項の観察とあわせて、次に掲げる措置をとることができる。

一 遵守事項を定めてその履行を命ずること。

二 条件を附けて保護者に引き渡すこと。

三 適当な施設、団体又は個人に補導を委託すること。

（保護者に対する措置）

第二五条の二 家庭裁判所は、必要があると認めるときは、保護者に対し、少年の監護に関する責任を自覚させ、その非行を防止するため、調査又は審判において、自ら訓戒、指導その他の適当な措置をとり、又は家庭裁判所調査官に命じてこれらの措置をとらせることができる。

（決定の執行）

第二六条 ① 家庭裁判所は、第一七条第一項第二号、第一七条の四第一項、第一八条、第二〇条及び第二四条第一項の決定をしたときは、家庭裁判所調査官、裁判所書記官、法務事務官、法務教官、警察官、保護観察官又は児童福祉司をして、その決定を執行させることができる。

② 家庭裁判所は、第一七条第一項第二号、第一七条の四第一項、第一八条、第二〇条及び第二四条第一項の決定を執行するため必要があるときは、少年に対して、呼出状を発することができる。

③ 家庭裁判所は、正当の理由がなく前項の呼出に応じない者に対して、同行状を発することができる。

④　家庭裁判所は、少年が保護のため緊急を要する状態にあつて、その福祉上必要であると認めるときは、前項の規定にかかわらず、その少年に対して、同行状を発することができる。

⑤　第一三条の規定は、前二項の同行状に、これを準用する。

⑥　裁判長は、急速を要する場合には、第一項及び第四項の処分をし、又は合議体の構成員にこれをさせることができる。

（少年鑑別所収容の一時継続）

第二六条の二　家庭裁判所は、第一七条第一項第二号の措置がとられている事件について、第一八条から第二〇条まで、第二三条第二項又は第二四条第一項の決定をする場合において、必要と認めるときは、決定をもつて、少年を引き続き相当期間少年鑑別所に収容することができる。但し、その期間は、七日を超えることはできない。

（同行状の執行の場合の仮収容）

第二六条の三　第二四条第一項第三号の決定を受けた少年に対して第二六条第三項又は第四項の同行状を執行する場合において、必要があるときは、その少年を仮に最寄の少年鑑別所に収容することができる。

（競合する処分の調整）

第二七条　①　保護処分の継続中、本人に対して有罪判決が確定したときは、保護処分をした家庭裁判所は、相当と認めるときは、決定をもつて、その保護処分を取り消すことができる。

②　保護処分の継続中、本人に対して新たな保護処分がなされたときは、新たな保護処分をした家庭裁判所は、前の保護処分をした家庭裁判所の意見を聞いて、決定をもつて、いずれかの保護処分を取消すことができる。

（保護処分の取消し）

第二七条の二　①　保護処分の継続中、本人に対し審判権がなかつたこと、又は一四歳に満たない少年について、都道府県知事若しくは児童相談所長から送致の手続がなかつたにもかかわらず、保護処分をしたことを認め得る明らかな資料を新たに発見したときは、保護処分をした家庭裁判所は、決定をもつて、その保護処分を取り消さなければならない。

②　保護処分が終了した後においても、審判に付すべき事由の存在が認められないにもかかわらず保護処分をしたことを認め得る明らかに資料を新たに発見したときは、前項と同様とする。ただし、本人が死亡した場合は、この限りでない。

③　保護観察所、児童自立支援施設、児童養護施設又は少年院の長は、保護処分の継続中の者について、第一項の事由があることを疑うに足りる資料を発見したときは、保護処分をした家庭裁判所に、その旨の通知をしなければならない。

④　第一八条第一項及び第一九条第二項の規定は家庭裁判所が、第一項の規定により、保護処分を取り消した場合に準用する。

⑤　家庭裁判所は、第一項の規定により、少年院に収容中の者の保護処分を取り消した場合において、必要があると認めるときは、決定をもつて、その者を引き続き少年院に収容することができる。但し、その期間は、三日を超えることはできない。

⑥　前三項に定めるもののほか、第一項及び第二項の規定による保護処分の取消しの事件の手続は、その性質に反しない限り、保護事件の例による。

（報告と意見の提出）

第二八条　家庭裁判所は、第二四条又は第二五条の決定をした場合において、施設、団体、個人、保護観察所、児童福祉施設又は少年院に対して、少年に関する報告又は意見の提出を求めることができる。

（委託費用の支給）

第二九条　家庭裁判所は、第二五条第二項第三号の措置として、適当な施設、団体又は個人に補導を委託したときは、その者に対して、これによつて生じた費用の全部又は一部を支給することができる。

（証人等の費用）

第三〇条　①　証人、鑑定人、翻訳人及び通訳人に支給する旅費、日当、宿泊料その他の費用の額については、刑事訴訟費用に関する法令の規定を準用する。

②　参考人は、旅費、日当、宿泊料を請求することができる。

③　参考人に支給する費用は、これを証人に支給する費用とみなして、第一項の規定を適用する。

④　第二二条の三第三項の規定により付添人に支給すべき旅費、日当、宿泊料及び報酬の額については、刑事訴訟法第三八条第二項の規定により弁護人に支給すべき旅費、日当、宿泊料及び報酬の例による。

第三〇条の二　家庭裁判所は、第十六条第一項の規定により保護司又は児童委員をして、調査及び観察の援助をさせた場合には、最高裁判所の定めるところにより、その費用の一部又は全部を支払うことができる。

（費用の徴収）

第三一条　①　家庭裁判所は、少年又はこれを扶養する義務のある者から証人、鑑定人、通訳人、翻訳人、参考人、第二二条の三第二項の規定により選任された付添人及び補導を委託された者に支給した旅費、日当、宿泊料その他の費用並びに少年鑑別所及び少年院において生じた費用の全部又は一部を徴収することができる。

② 前項の費用の徴収については、非訟事件手続法（明治三一年法律第一四号）第二〇八条の規定を準用する。

（被害者等に対する通知）

第三一条の二 ① 家庭裁判所は、第三条第一項第一号又は第二号に掲げる少年に係る事件を終局させる決定をした場合において、最高裁判所規則の定めるところにより当該事件の被害者等から申出があるときは、その申出をした者に対し、次に掲げる事項を通知するものとする。ただし、その通知をすることが少年の健全な育成を妨げる虞があり相当でないと認められるものについては、この限りでない。

一 少年及びその法定代理人の氏名及び住居

二 決定の年月日、主文及び理由の要旨

② 前項の申出は、同項に規定する決定が確定した後三年を経過したときは、することができない。

③ 第五条の二第三項の規定は、第一項の規定により通知を受けた者について、準用する。

第三節 抗告

（抗告）

第三二条 保護処分の決定に対しては、決定に影響を及ぼす法令の違反、重大な事実の誤認又は処分の著しい不当を理由とするときに限り、少年、その法定代理人又は付添人から、二週間以内に、抗告をすることができる。ただし、付添人は、選任者である保護者の明示した意思に反して、抗告をすることができない。

（抗告裁判所の調査の範囲）

第三二条の二　①　抗告裁判所は、抗告の趣意に含まれている事項に限り、調査をするものとする。
②　抗告裁判所は、抗告の趣意に含まれていない事項であつても、抗告の理由となる事由に関しては、職権で調査をすることができる。

（抗告裁判所の事実の取調べ）

第三二条の三　①　抗告裁判所は、決定をするについて必要があるときは、事実の取調べをすることができる。
②　前項の取調べは、合議体の構成員にさせ、又は家庭裁判所の裁判官に嘱託することができる。

（抗告受理の申立て）

第三二条の四　①　検察官は、第二二条の二第一項の決定がされた場合においては、保護処分に付さない決定又は保護処分の決定に対し、同項の決定があつた事件の非行事実の認定に関し、決定に影響を及ぼす法令の違反又は重大な事実の誤認があることを理由とするときに限り、高等裁判所に対し、二週間以内に、抗告審として事件を受理すべきことを申し立てることができる。
②　前項の規定による申立て（以下「抗告受理の申立て」という。）は、申立書を原裁判所に差し出してしなければならない。この場合において、原裁判所は、速やかにこれを高等裁判所に送付しなければならない。
③　高等裁判所は、抗告受理の申立てがされた場合において、抗告審として事件を受理するのを相当と認めるときは、これを受理することができる。この場合においては、その旨の決定をしなければならない。
④　高等裁判所は、前項の決定をする場合において、抗告受理の申立ての理由中に重要でないと認めるものがあるときは、これを排除することができる。
⑤　第三項の決定は、高等裁判所が原裁判所から第二項の申立書の送付を受けた日から二週間以内にしなけれ

ばならない。

⑥　第三項の決定があつた場合には、抗告があつたものとみなす。この場合において、第三十二条の二の規定の適用については、抗告受理の申立ての理由中第四項の規定により排除されたもの以外のものを抗告の趣意とみなす。

（事件が受理された場合の国選付添人）

第三二条の五　前条第三項の決定があつた場合において、少年に弁護士である付添人がないときは、抗告裁判所は、弁護士である付添人を付さなければならない。

（準　用）

第三二条の六　第三二条の二、第三二条の三及び前条に定めるもののほか、抗告審の審理については、その性質に反しない限り、家庭裁判所の審判に関する規定を準用する。

（抗告審の裁判）

第三三条　①　抗告の手続がその規定に違反したとき、又は抗告が理由のないときは、決定をもつて、抗告を棄却しなければならない。

②　抗告が理由のあるときは、決定をもつて、原決定を取り消して、事件を原裁判所に差し戻し、又は他の家庭裁判所に移送しなければならない。

（執行の停止）

第三四条　抗告は、執行を停止する効力を有しない。但し、原裁判所又は抗告裁判所は、決定をもつて、執行を停止することができる。

（再抗告）

第三五条 ① 抗告裁判所のした第三三条の決定に対しては、憲法に違反し、若しくは憲法の解釈に誤りがあること、又は最高裁判所若しくは控訴裁判所である高等裁判所の判例と相反する判断をしたことを理由とする場合に限り、少年、その法定代理人又は付添人から、最高裁判所に対し、二週間以内に、特に抗告をすることができる。ただし、付添人は、選任者である保護者の明示した意思に反して、抗告をすることができない。

② 第三二条の二、第三二条の三及び第三二条の六から前条までの規定は、前項の場合に、これを準用する。この場合において、第三三条第二項中「取り消して、事件を原裁判所に差し戻し、又は他の家庭裁判所に移送しなければならない」とあるのは、「取り消さなければならない。この場合には、家庭裁判所の決定を取り消して、事件を家庭裁判所に差し戻し、又は他の家庭裁判所に移送することができる」と読み替えるものとする。

（その他の事項）

第三六条 この法律で定められるものの外、保護事件に関して必要な事項は、最高裁判所がこれを定める。

第三章 成人の刑事事件

（公訴の提起）

第三七条 ① 次に掲げる成人の事件については、公訴は、家庭裁判所にこれを提起しなければならない。

一 未成年者喫煙禁止法（明治三三年法律第三三号）の罪

二　未成年者飲酒禁止法（大正一一年法律第二〇号）の罪
三　労働基準法（昭和二二年法律第四九号）第五六条又は第六三条に関する第一一八条の罪、一八歳に満たない者についての第三二条又は第六一条、第六二条若しくは第七二条に関する第一一九条第一号の罪及び第五七条から第五九条まで又は第六四条に関する第一二〇条第一号の罪（これらの罪に関する第一二一条の規定による事業主の罪を含む。）
四　児童福祉法第六〇条及び第六二条第二号の罪
五　学校教育法（昭和二二年法律第二六号）第九〇条及び第九一条の罪
②　前項に掲げる罪とその他の罪が刑法（明治四〇年法律第四五号）第五十四条第一項に規定する関係にある事件については、前項に掲げる罪の刑をもつて処断すべきときに限り、前項の規定を適用する。

（事件の通告）

第三八条　家庭裁判所は、少年に対する保護事件の調査又は審判により、前条に掲げる事件を発見したときは、これを検察官又は司法警察員に通知しなければならない

第三九条　削除

第四章　少年の刑事事件

第一節　通則

（準拠法例）

第四〇条　少年の刑事事件については、この法律で定めるものの外、一般の例による。

第二節　手続

（司法警察員の送致）

第四一条　司法警察員は、少年の被疑事件について捜査を遂げた結果、罰金以外の刑に当たる犯罪の嫌疑があるものと思料するときは、これを家庭裁判所に送致しなければならない。犯罪の嫌疑がない場合でも、家庭裁判所の審判に付すべき事由があると思料するときは、同様である。

（検察官の送致）

第四二条　検察官は、少年の被疑事件について捜査を遂げた結果、犯罪の嫌疑があるものと思料するときは、第四五条第五号本文に規定する場合を除いて、これを家庭裁判所に送致しなければならない。犯罪の嫌疑がない場合でも、家庭裁判所の審判に付すべき事由があると思料するときは、同様である。

（勾留に代る措置）

第四三条　①　検察官は、少年の被疑事件においては、裁判官に対して、勾留の請求に代え、第一七条第一項の措置を請求することができる。但し、第十七条第一項第一号の措置は、家庭裁判所の裁判官に対して、これを請求しなければならない。

②　前項の請求を受けた裁判官は、第一七条第一項の措置に関して、家庭裁判所と同一の権限を有する。

③　検察官は、少年の被疑事件においては、やむを得ない場合でなければ、裁判官に対して、勾留を請求することはできない。

（勾留に代る措置の効力）

第四四条　①　裁判官が前条第一項の請求に基いて第一七条第一項第一号の措置をとつた場合において、検察官は、捜査を遂げた結果、事件を家庭裁判所に送致しないときは、直ちに、裁判官に対して、その措置の取消を請求しなければならない。

② 裁判官が前条第一項の請求に基いて第一七条第一項第二号の措置をとるときは、令状を発してこれをしなければならない。

③ 前項の措置の効力は、その請求をした日から十日とする。

（検察官へ送致後の取扱い）

第四五条 家庭裁判所が、第二〇条の規定によつて事件を検察官に送致したときは、次の例による。

一 第一七条第一項第一号の措置は、その少年の事件が再び家庭裁判所に送致された場合を除いて、検察官が事件の送致を受けた日から一〇日以内に公訴が提起されないときは、その効力を失う。公訴が提起されたときは、裁判所は、検察官の請求により、又は職権をもつて、いつでも、これを取り消すことができる。

二 前号の措置の継続中、勾留状が発せられたときは、その措置は、これによつて、その効力を失う。

三 第一号の措置は、その少年が満二〇歳に達した後も、引き続きその効力を有する。

四 第一七条第一項第二号の措置は、これを裁判官のした勾留とみなし、その期間は、検察官が事件の送致を受けた日から、これを起算する。この場合において、その事件が先に勾留状の発せられた事件であるときは、この期間は、これを延長することができない。

五 検察官は、家庭裁判所から送致を受けた事件について、公訴を提起するに足りる犯罪の嫌疑があると思料するときは、公訴を提起しなければならない。但し、送致を受けた事件の一部について公訴を提起するに足りる犯罪の嫌疑がないか、又は犯罪の情状等に影響を及ぼすべき新たな事情を発見したため、訴追を相当でないと思料するときは、この限りでない。送致後の情況により訴追を相当でないと思料するときも、同様である。

六　少年又は保護者が選任した弁護士である付添人は、これを弁護人とみなす。

第四五条の二　前条第一号から第四号までの規定は、家庭裁判所が、第一九条第二項又は第二三条第三項の規定により、事件を検察官に送致した場合に準用する。

(保護処分等の効力)

第四六条　①　罪を犯した少年に対して第二四条第一項の保護処分がなされたときは、審判を経た事件について、刑事訴追をし、又は家庭裁判所の審判に付することができない。

②　第二二条の二第一項の決定がされた場合において、同項の決定があつた事件につき、審判に付すべき事由の存在が認められないこと又は保護処分に付する必要がないことを理由とした保護処分に付さない旨の決定が確定したときは、その事件についても、前項と同様とする。

③　第一項の規定は、第二七条の二第一項の規定による保護処分の取消しの決定が確定した事件については、適用しない。ただし、当該事件につき同条第六項の規定によりその例によることとされる第二十二条の二第一項の決定がされた場合であつて、その取消しの理由が審判に付すべき事由の存在が認められないことであるときは、この限りでない。

(時効の停止)

第四七条　①　第八条第一項前段の場合においては第二一条の決定があつてから、第八条第一項後段の場合においては送致を受けてから、保護処分の決定が確定するまで、公訴の時効は、その進行を停止する。

② 前項の規定は、第二一条の決定又は送致の後、本人が満二〇歳に達した事件についても、これを適用する。

（勾留）

第四八条 ① 勾留状は、やむを得ない場合でなければ、少年に対して、これを発することはできない。

② 少年を勾留する場合には、少年鑑別所にこれを拘禁することができる。

③ 本人が満二〇歳に達した後でも、引き続き前項の規定によることができる。

（取扱の分離）

第四九条 ① 少年の被疑者又は被告人は、他の被疑者又は被告人と分離して、なるべく、その接触を避けなければならない。

② 少年に対する被告事件は、他の被告事件と関連する場合にも、審理に妨げない限り、その手続を分離しなければならない。

③ 拘置監においては、少年を成人と分離して収容しなければならない。

（審理の方針）

第五〇条 少年に対する刑事事件の審理は、第九条の趣旨に従つて、これを行わなければならない。

第三節 処分

（死刑と無期刑の緩和）

第五一条 ① 罪を犯すとき一八歳に満たない者に対しては、死刑をもつて処断すべきときは、無期刑を科する。

② 罪を犯すとき一八歳に満たない者に対しては、無期刑をもつて処断すべきときであつても、有期の懲役又

は禁錮を科することができる。この場合において、その刑は、一〇年以上一五年以下において言い渡す。

（不定期刑）

第五二条 ① 少年に対して長期三年以上の有期の懲役又は禁錮をもつて処断すべきときは、その刑の範囲内において、長期と短期を定めてこれを言い渡す。但し、短期が五年を越える刑をもつて処断すべきときは、短期を五年に短縮する。

② 前項の規定によつて言い渡すべき刑については、短期は五年、長期は一〇年を越えることはできない。

③ 刑の執行猶予の言渡をする場合には、前二項の規定は、これを適用しない。

（少年鑑別所収容中の日数）

第五三条 第一七条第一項第二号の措置がとられた場合においては、少年鑑別所に収容中の日数は、これを未決勾留の日数とみなす。

（換刑処分の禁止）

第五四条 少年に対しては、労役場留置の言渡をしない。

（家庭裁判所への移送）

第五五条 裁判所は、事実審理の結果、少年の被告人を保護処分に付するのが相当であると認めるときは、決定をもつて、事件を家庭裁判所に移送しなければならない。

（懲役又は禁錮の執行）

第五六条 ① 懲役又は禁錮の言渡しを受けた少年（第三項の規定により少年院において刑の執行を受ける者を除く。）に対しては、特に設けた監獄又は監獄内の特に分界を設けた場所において、その刑を執行する。

② 本人が満二〇歳に達した後でも、満二六歳に達するまでは、前項の規定による執行を継続することができる。

③ 懲役又は禁錮の言渡しを受けた一六歳に満たない少年に対しては、刑法第一二条第二項又は第一三条第二項の規定にかかわらず、一六歳に達するまでの間、少年院において、その刑を執行することができる。この場合において、その少年には、矯正教育を授ける。

(刑の執行と保護処分)

第五七条 保護処分の継続中、懲役、禁錮又は拘留の刑が確定したときは、先に刑を執行する。懲役、禁錮又は拘留の刑が確定してその執行前保護処分がなされたときも、同様である。

(仮出獄)

第五八条 ① 少年のとき懲役又は禁錮の言渡しを受けた者には、次の期間を経過した後、仮出獄を許すことができる。

一 無期刑については七年

二 第五一条第二項の規定により言い渡した有期の刑については三年

三 第五二条第一項及び第二項の規定により言い渡した刑については、その刑の短期の三分の一

② 第五一条第一項の規定により無期刑の言渡しを受けた者については、前項第一号の規定は適用しない。

(仮出獄期間の終了)

第五九条 ① 少年のとき無期刑の言渡を受けた者が、仮出獄を許された後、その処分を取り消されないで一〇年を経過したときは、刑の執行を受け終つたものとする。

② 少年のとき第五一条第二項又は第五二条第一項及び第二項の規定により有期の刑の言渡しを受けた者が、仮出獄を許された後、その処分を取り消されないで仮出獄前に刑の執行を受けた機関と同一の期間又は第五一条第二項の刑期若しくは第五二条第一項及び第二項の長期を経過したときは、そのいずれか早い時期において、刑の執行を受け終わつたものとする。

（人の資格に関する法令の適用）

第六〇条 ① 少年のとき犯した罪により刑に処せられてその執行を受け終り、又は執行の免除を受けた者は、人の資格に関する法令の適用については、将来に向つて刑の言渡を受けなかつたものとみなす。

② 少年のとき犯した罪について刑に処せられた者で刑の執行猶予の言渡を受けた者は、その猶予期間中、刑の執行を受け終つたものとみなして、前項の規定を適用する。

③ 前項の場合において、刑の執行猶予の言渡を取り消されたときは、人の資格に関する法令の適用については、その取り消されたとき、刑の言渡があつたものとみなす。

第五章　雑　則

（記事等の掲載の禁止）

第六一条 家庭裁判所の審判に付された少年又は少年のとき犯した罪により公訴を提起された者については、氏名、年齢、職業、住居、容ぼう等によりその者が当該事件本人であることを推知することができるような記事又は写真を新聞紙その他の出版物に掲載してはならない。

附　則（抄）

（経過規定）

第六七条　第六〇条の規定は、この法律施行前、少年のとき犯した罪により死刑又は無期刑に処せられ、減刑その他の事由で刑期を満了し、又は刑の執行の免除を受けた者に対しても、これを適用する。

附　則（平成九・六・一一法七四）（抄）

（施行期日）

第一条　この法律は、平成一〇年四月一日から施行する。

（少年法の一部改正に伴う経過措置）

第一一条　前条の規定による改正前の少年法第二四条第一項第二号の規定によりなされた教護院に送致する決定又は養護施設に送致する決定であつて、この法律の施行の際その決定に係る保護処分が終了していないものについては、それぞれ前条の規定による改正後の同号の規定によりなされた児童自立支援施設に送致する決定又は児童養護施設に送致する決定とみなす。

附　則（平成一二・一二・六法一四二）（抄）

（施行期日）

第一条　この法律は、平成一三年四月一日から施行する。

（少年法の一部改正に伴う経過措置）

第二条　①　この法律の施行の際現に家庭裁判所に係属している事件についてとられる少年法第一七条第一項第二号の措置における収容の期間の更新及び通算した収容の期間の限度については、第一条の規定による改正後の同法（以下「新法」という。）第一七条第三項から第五項まで及び第九項の規定にかかわらず、なお従前の例による。

② 新法第一七条の二の規定は、前項に規定する少年法第一七条第一項第二号の措置及びその収容の期間の更新の決定については、適用しない。

③ 新法第三二条の二の規定（新法において準用し、又はその例による場合を含む。）は、この法律の施行の際現に裁判所に係属している事件の手続並びにこの法律の施行後に係属する当該事件の抗告審及び再抗告審の手続については、適用しない。

④ 新法第二七条の二第二項の規定は、この法律の施行後に終了する保護処分について適用する。

⑤ この法律の施行前にした行為に係る検察官への送致、刑の適用及び仮出獄を許すことができるまでの期間については、なお従前の例による。

（検討等）

第三条 政府は、この法律の施行後五年を経過した場合において、この法律による改正後の規定の施行の状況について国会に報告するとともに、その状況について検討を加え、必要があると認めるときは、訴の検討の結果に基づいて法制の整備その他の所要の措置を講ずるものとする。

少年の保護事件に係る補償に関する法律（平成四・六・二六 法八四）

施行　平成四・九・一（平成四政二七七）
改正　平成一一法一四二

（趣旨）

第一条　この法律は、少年法（昭和二三年法律第百六十八号）第二章に定める少年の保護事件（以下「保護事件」という。）に関する手続において同法第三条第一項各号に掲げる審判に付すべき少年に該当する事由（以下「審判事由」という。）の存在が認められるに至らなかった少年等に対し、その身体の自由の拘束等による補償を行う措置を定めるものとする。

（補償の要件）

第二条　①　少年法第二章に規定する保護事件を終結させるいずれかの決定においてその全部又は一部の審判事由の存在が認められないことにより当該全部又は一部の審判事由につき審判を開始せず又は保護処分に付さない旨の判断がされ、その決定が確定した場合において、その決定を受けた者が当該全部又は一部の審判事由に関して次に掲げる身体の自由の拘束を受けたものであるときは、国は、その者に対し、この法律の定めるところにより、当該身体の自由の拘束による補償をするものとする。

一　少年法の規定による同行、同法第一七条第一項第二号の措置（同法第一七条の四第一項又は第二六条の二の規定による措置を含む。）又は同法第二四条第一項第三号の保護処分（少年院法（昭和二三年法律第一六九号）第一一条第四項、第五項若しくは第七項の規定による措置又は犯罪者予防更生法（昭和二四年法律第一四二号）第四三条第一項若しくは第二項の規定による措置を含む。）に基づく身体の自由の拘束並びに犯罪者予防更生法の規定による引致及び留置

二　刑事訴訟法（昭和二三年法律第百三一号）の規定による逮捕、勾《こう》留及び勾《こう》引、同法第一六七条第一項（少年法第一四条第二項において準用する場合を含む。）又は刑事訴訟法第二二四条第二項の規定による留置並びに刑事補償法（昭和二五年法律第一号）第二六条に規定する外国がした抑留又は拘禁

② 審判事由の存在が認められないことにより少年法第二七条の二第一項又は第二項の規定による保護処分の取消しの決定が確定した場合において、当該決定を受けた者が前項各号に掲げる身体の自由の拘束又は同法第二四条の二の規定による没取を受けたものであるときも、同項と同様とする。

（補償をしないことができる場合）

第三条　次の各号のいずれかに該当するときは、前条の規定にかかわらず、補償の全部又は一部をしないことができる。

一　本人が、家庭裁判所の調査若しくは審判又は捜査を誤らせる目的で、虚偽の自白をし、その他審判事由があることの証拠を作ることにより、身体の自由の拘束を受け、又は没取を受けるに至ったと認められるとき。

二　数個の審判事由のうちその一部のみの存在が認められない場合において、本人が受けた身体の自由の拘束が他の審判事由をも理由とするものであったとき、又は当該身体の自由の拘束がなされなかったとしたならば他の審判事由を理由として身体の自由の拘束をする必要があったと認められるとき。

三　本人が補償を辞退しているときその他補償の必要性を失わせ又は減殺する特別の事情があるとき。

（補償の内容）

第四条　①　身体の自由の拘束による補償においては、その拘束の日数に応じて、刑事補償法第四条第一項に定める一日当たりの割合の範囲内で、相当と認められる額の補償金を交付する。

②　没取による補償においては、没取に係る物を返付し、これを返付することができないときは、その物の時価に等しい額の補償金を交付する。

（補償に関する決定）

第五条　①　補償の要否及び補償の内容についての判断は、第二条に規定する決定をした家庭裁判所が、決定をもって行う。

②　前項の補償に関する決定は、第二条に規定する決定が確定した日から三〇日以内にするように努めなければならない。

③　家庭裁判所は、第一項の補償に関する決定の告知をした日から一四日以内に本人からその変更をすべき旨の申出があった場合において、相当と認めるときは、決定をもって、これを変更することができる。

（特別関係者に対する補償）

第六条　①　前条第一項の補償に関する決定を受ける前に本人が死亡した場合において、その特別関係者（本人の配偶者（婚姻の届出をしていないが事実上婚姻関係と同様の事情にあった者を含む。）、子、父母、祖父母若しくは兄弟姉妹であって本人の死亡の当時本人と生計を同じくしていたもの又はこれらの者以外の者であって第二条に規定する決定の当時本人の保護者（少年法第二条第二項に規定する者をいう。）であったものをいう。以下同じ。）から申出があり、かつ、補償をすることが相当と認められるときは、国は、前条第一項の家庭裁判所の決定により、本人が生存していたとしたならば受けたものと認められる補償と同一の補償をすることができる。

② 前項の場合において、二人以上の特別関係者に補償をするときは、これを等分する。ただし、等分することが相当でないと認められる特別の事情があるときは、これと異なる配分を定めることができる。

③ 第一項の申出は、本人が死亡した日から六〇日以内にしなければならない。

（調査）

第七条 家庭裁判所は、補償に関する決定をするに当たっては、必要な調査を行い、又は家庭裁判所調査官に命じて必要な調査を行わせることができる。この場合における家庭裁判所の調査については、少年法第一四条、第一六条、第三〇条及び第三〇条の二の規定を準用する。

（補償の払渡し）

第八条 補償金の払渡し及び没取に係る物の返付（以下「補償の払渡し」という。）は、第五条第一項又は第六条第一項の決定をした家庭裁判所が行う。

（準用）

第九条 刑事補償法第五条の規定はこの法律による補償と他の法律による損害賠償との関係について、同法第二二条の規定は補償の払渡しについて、刑事訴訟法第五五条第一項及び第三項の規定はこの法律に定める期間の計算について準用する。

（最高裁判所の規則）

第一〇条　この法律に定めるもののほか、決定の告知及び補償の払渡しの方法その他補償の実施に関して必要な事項は、最高裁判所が定める。

附　則（抄）

（施行期日等）

① この法律は、公布の日から起算して九十日を超えない範囲内において政令で定める日（平成四・九・一―平成四政二七七）から施行し、この法律の施行後に第二条に規定する決定があった保護事件に係る身体の自由の拘束又は没取について適用する。

あとがき

序論として現行少年法の一部改正を必要とした経過、立法当時〝愛の法律〟と呼ばれたころと時代背景・社会情勢を大いに異にしている事情、少年の意識・行動の変容、凶悪少年犯罪の生起などの推移に触れた。

第一章以下の本論では、今日に至る各国の少年立法・少年法制の歴史的歩み、試行・曲折・積み上げの苦心を探りながら、少年法がどのような思想のもと、どのような対象と取組み、どのような方向に向かって発展してきたかを概説した。

二〇〇一年四月一日からの少年法一部改正の施行成果には、大いに期待を寄せるもので、裁判所は〝いじめ〟に対する親への損害賠償を命ずる初めての判決を言渡し、被害者への配慮が示されている。警察庁も二〇〇一年一月二五日、通達により一四歳以上の少年を逮捕せずに取調べる場合、捜査上必要があり本人の同意があれば、少年被疑者の軽微事件についても指紋の採取を認めている。言うまでもなく改正少年法の趣旨にそい、少年事件の事実認定に精密を期そうとする実務的対応である。検察庁では少年にふさわしい検察官関与の方法が検討されているであろうし、法務省では少年院・少年刑務所での処遇効果のあるカリキュラムの準備や、妥当な少年院での収容継続事由と期間・審査方法などが急ぎ進められていると思われる。

本書は拙論『少年法制発展の歴史的考察』――形成・分岐をめぐる諸問題とその実態――（中央学院大学人間・自然論叢第一二号・二〇〇〇年八月刊）に序論を加筆、少年法改正が単なる条項的検討や論議にとどまることなく、歴史的・思想的アプローチにより、少年問題の認識を一層深めたく纏めてみた。もとより不十分であるが、今後の少年法研究、当面の勉強会・ゼミナール・市民カレッジなどの一資料としてお役に立てば何よりと思うものである。最後に本書の刊行は、信山社出版の今井貴・渡辺左近両氏の、いつもながらのご好意によるもので、ここに厚く御礼を申し上げたい。

二〇〇一年一月三一日

重松一義

〈著者紹介〉

重松一義（しげまつ・かずよし）

昭和６年（1931年）愛媛県松山市出身

〔略　　歴〕

検察庁・女子特別少年院（笠松女子職業学園）・刑務所・法務省矯正研修所教官（行刑史・少年保護史）・青山学院大学法学部講師（刑事政策）・東洋大学法学部講師（刑事政策・日本法制史・法学）中央学院大学法学部教授・同附属比較文化研究所長・国際交流委員長など歴任、日本刑法学会員・法制史学会員・裁判所調停委員・網走監獄保存財団顧問

〔主　　著〕

北海道行刑史（日本図書館協会選定図書・図譜出版）・少年懲戒教育史（昭和51年度文部省学術助成図書・第一法規）・日本刑罰史年表（日本刑事政策研究会賞・雄山閣）・図鑑日本の監獄史（雄山閣）・近代監獄則の推移と解説（北樹出版）・監獄法演習（新有堂）・少年法演習（新有堂）・日本刑罰史蹟考（成文堂）・法学概論（成文堂）・刑事政策の理論と実際（雄山閣）・刑事政策講義（信山社）・日本法制史稿要（敬文堂）・江戸の犯罪白書（ＰＨＰ文庫）・明治内乱鎮撫記（プレス東京）巣鴨プリズンの遺構に問う（槇書房）・図説刑罰具の歴史（明石書店）図説世界の監獄史（柏書房）ほか10数冊

外に共著・分担執筆として、補完・戦犯裁判の実相（不二出版）・法学基本書案内（日本評論社）・判例刑事政策演習（新有堂）・人足寄場史（創文社）・北海道大百科事典（北海道新聞社）・江戸東京学事典（三省堂）・国史大辞典（吉川弘文館）など

〔主 論 文〕

幕末維新期の獄政改革思潮と監獄則の思想的原点（小川太郎博士古稀祝賀論集『刑事政策の現代的課題』有斐閣）、警視監獄署の史的役割（手塚豊教授退職記念論集『明治法制史政治史の諸問題』慶応通信）、人足寄場顕彰会『人足寄場史』創文社）、低俗娯楽雑誌の猥褻性と青少年に与える影響（警察学論集30巻９号）外国人刑事法体系化への史的試論（中央学院大学総合科学研究所資料３）『刑事処遇論』21世紀に向けた処遇体系の検討と再構築（下村康正先生古稀祝賀論文『刑事法学の新動向』成文堂）『少年法制発展の歴史的考察』中央学院大学人間自然論叢書12号ほか多数。

〔編　　纂〕

埼玉新聞社編『秩父事件史料』巻３（1976年）の編纂に関与協力、法務省矯正局編『矯正年譜』（法務省矯正局参事官室・1975年）編纂協力、矯正協会嘱託辞令による少年法施行60周年記念出版『少年矯正の近代的展開』（矯正協会・1984年）の資料収集・編纂に従事。福岡県警察本部依頼による『福岡県警察史』（昭和後編）を編纂顧問として監修（1993年）。委員長として『東京家庭裁判所参調会50年史』を編纂（2002年）。現在、『日本立法資料全集』監獄法編（信山社）を編纂中。

主要事項(人名)索引

セ

ソ

タ

チ

ツ

テ

ト

少年法の思想と発展
〈信山社　法学の泉〉

2002年(平成14年)6月30日　初版第1版発行　3091−0101

著　者　重　松　一　義
発行者　今　井　　貴
発行所　信山社出版株式会社

〒113-0033　東京都文京区本郷6−2−9−102
電　話　03 (3818) 1019
FAX　03 (3818) 0344

Printed in Japan

 印刷・製本／松澤印刷

ISBN4-7972-3059-2 C3332　3059-0101-010-05
NDC 分類 327.801

波多野二三彦著

内観法はなぜ効くか　3000円

王雲海著

刑務作業の比較研究　5300円

石塚伸一著

社会的法治国家と刑事立法政策　9481円

戒能民江著

ドメスッティック・バイオレンス　3,200円

臼井滋夫著

国税犯則取締法　6000円

森下　忠[著

刑法の旅Ⅰ　3,200円

内藤頼博編

終戦後の司法改革の経過　4冊　488000円

遠藤直哉著

ロースクール教育論　2940円

井上達夫・河合幹雄編

体制改革としての司法改革　2700円

齋藤哲著

市民裁判官の研究　7600円

熊本典道著

刑事訴訟法論集　12000円

青柳文雄著